A ALMA
— *do* —
CRISTIANISMO

Huston Smith

A ALMA
— *do* —
CRISTIANISMO

Resgatando a essência da Grande Tradição

Tradução
EUCLIDES LUIZ CALLONI
CLEUSA MARGÔ WOSGRAU

EDITORA CULTRIX
São Paulo

Título original: *The Soul of Christianity.*

Copyright © 2005 Huston Smith.

Publicado mediante acordo com a Harper San Francisco, uma divisão da HarperCollins, Publisher.

Todos os direitos reservados. Nenhuma parte deste livro pode ser reproduzida ou usada de qualquer forma ou por qualquer meio, eletrônico ou mecânico, inclusive fotocópias, gravações ou sistema de armazenamento em banco de dados, sem permissão por escrito, exceto nos casos de trechos curtos citados em resenhas críticas ou artigos de revistas.

Foram feitos todos os esforços possíveis para obter permissão para citar pequenos trechos neste livro. Se algum agradecimento requerido ou direito foi omitido, não foi intencionalmente. Favor notificar o Editor, para que possamos retificar o erro nas próximas edições.

Dados Internacionais de Catalogação na Publicação (CIP)
(Câmara Brasileira do Livro, SP, Brasil)

Smith, Huston
A alma do cristianismo : resgatando a essência da grande tradição / Huston Smith ; tradução Euclides Luiz Calloni, Cleusa Margô Wosgrau. — São Paulo : Cultrix, 2006.

Título original: The Soul of Christianity.
ISBN 85-316-0957-7

1. Cristianismo I. Título.

06-6824   CDD-230

Índices para catálogo sistemático:
1. Cristianismo 230

O primeiro número à esquerda indica a edição, ou reedição, desta obra. A primeira dezena à direita indica o ano em que esta edição, ou reedição, foi publicada.

Edição	Ano
01-02-03-04-05-06	06-07-08-09-10-11

Direitos de tradução para o Brasil
adquiridos com exclusividade pela
EDITORA PENSAMENTO-CULTRIX LTDA.
Rua Dr. Mário Vicente, 368 — 04270-000 — São Paulo, SP
Fone: 6166-9000 — Fax: 6166-9008
E-mail: pensamento@cultrix.com.br
http://www.pensamento-cultrix.com.br
que se reserva a propriedade literária desta tradução.

SUMÁRIO

PREFÁCIO 7

PRÓLOGO 11

INTRODUÇÃO 15

Parte Um
A COSMOVISÃO CRISTÃ 29

Parte Dois
A HISTÓRIA CRISTÃ 65

Parte Três
OS TRÊS PRINCIPAIS RAMOS DO
CRISTIANISMO HOJE 155

EPÍLOGO 187

AGRADECIMENTOS 191

PREFÁCIO

———•———

Este é um livro feito com paixão, escrito com um senso enorme de urgência. Favorecido pelo sangue e pelo berço com um sentido instintivo pelo sagrado, um sentimento de temor reverente pelo prodigioso e belo das coisas sagradas, eu me sinto como uma voz que clama no deserto, o deserto da modernidade secular de onde a religião é incapaz de nos tirar, porque ela apresenta nossa cultura com um sussurro de vozes conflitantes. E, no entanto, uma voz que *pode* tirar-nos do deserto está à nossa porta: é a voz do cristianismo do primeiro milênio, a Grande Tradição, que todos os cristãos podem aceitar porque ela é o tronco sólido da árvore de que brotaram seus ramos. É a voz da paz, da justiça e da beleza que emana da alma do cristianismo e da qual (na companhia de outras religiões autênticas) o mundo precisa desesperadamente.

Não sou o único a trabalhar nesse projeto, e entre os meus companheiros há muitos especialistas e teólogos superiores a mim. Ainda assim, o meu senso de urgência permanece, pois precisamente *por causa* dos extraordinários talentos deles será necessário muito tempo para que suas idéias penetrem na nossa cultura. Procurei escrever um livro que, sem ser excessivamente simplificado, seja de fácil compreensão para todo leitor inteligente e motivado.

Alguns pontos secundários ajudam a ter uma idéia mais clara e abrangente do livro:

Primeiro, este livro não esgota o assunto. Ele se limita à *fé* cristã, abordando rapidamente os elementos institucionais e passando totalmente ao largo da face obscura da história cristã.

Segundo, ele não é um tratado acadêmico: omite referências e contém poucas notas de rodapé. Aqui e ali faço pequenas mudanças nas palavras dos escritores citados para que se ajustem de forma harmoniosa ao meu texto. Ao citar as Escrituras recorro à tradução que melhor se adapta às minhas necessidades.

Terceiro, o livro não é beligerante. Ele respeita outras interpretações do cristianismo e não entra em polêmicas com elas. Os seus autores fizeram o que precisavam fazer, e eu procedi do mesmo modo.

E um último esclarecimento: se assumo total responsabilidade pela Parte Um, ao passar para a história do cristianismo, na Parte Dois, procuro não ser inovador. Conforme indica o subtítulo do livro, penso nela como uma tarefa de restauração. Contrariando a tendência atual ao ceticismo com relação ao passado, empenho-me em mostrar como o cristianismo do primeiro milênio pode surpreender o presente com uma nova vida.

Dito de forma positiva, procurei descrever um cristianismo que é absolutamente compatível com tudo o que conhecemos hoje e mostrar por que os cristãos se sentem privilegiados em entregar sua vida a ele. Foi muito estimulante escrever este livro porque tive condições de ver com maior clareza o tesouro cultural e espiritual do cristianismo, sua amplidão intelectual, a imensidão da sua atmosfera e o seu gênio para penetrar na essência da vida.

Prefácio

A Parte Um é totalmente nova. A Parte Dois expande e aprofunda o capítulo sobre o cristianismo que faz parte do meu livro *As Religiões do Mundo**. A Parte Três apresenta os três principais ramos do cristianismo hoje.

---

* Publicado pela Editora Cultrix, São Paulo, 2001.

PRÓLOGO

Um dos meus ex-alunos do MIT, depois grande amigo, visitou-me recentemente e narrou-me um acontecimento importante de sua vida que, conforme se deu conta na ocasião, não havia confidenciado a ninguém.

O fato aconteceu quando ele freqüentava o último ano do ensino médio em Cambridge, Massachusetts. Como a maioria dos adolescentes, ele havia adotado em parte o ponto de vista dos seus pais de classe média, o marxismo ateu; e o seu interesse por música clássica, literatura e ciências o levava freqüentemente à Biblioteca Pública de Boston. Certa tarde, ao passar os olhos pelos livros nas estantes, deparou-se com os *Diálogos de Platão**. Ele ouvira falar do filósofo, mas não o lera. Por isso pegou o livro e o abriu casualmente no início do sétimo livro de *A República,* onde está a passagem mais conhecida de Platão, a Alegoria da Caverna.

Nessa alegoria, Platão pede ao leitor que imagine pessoas presas numa caverna desde a infância, com pernas e pescoço

---

* Publicado pela Editora Cultrix, São Paulo, 2002.

acorrentados, e por isso obrigados a permanecer na mesma posição e a só ver a parede oposta à entrada. Atrás deles, na entrada da caverna, corre por toda a largura dela um muro da altura de um homem; e atrás desse muro arde uma fogueira. Entre a fogueira e o muro passa um desfile interminável de homens portando imagens, figuras, estátuas, etc. que ultrapassam a altura do muro e representam os objetos do mundo. Assim, tudo o que os prisioneiros vêem é um jogo incessante de sombras. Platão então pede ao leitor que pense na situação de um prisioneiro que é libertado de seus grilhões. Ao virar-se para trás, ele vê a fogueira e além dela a abertura da caverna. Conduzido (porque seus olhos precisam adaptar-se à luz) para fora da gruta, à luz do dia, o prisioneiro mal consegue acreditar no que vê: um mundo colorido, em três dimensões, incrivelmente belo, presidido pelo sol soberano.

Passando ao motivo por que meu aluno me contava sua história, ele disse que ao terminar a leitura da alegoria de Platão, seus olhos estavam cheios de lágrimas.

O que provocara essas lágrimas em seus olhos? Platão talvez dissesse que meu aluno havia tocado o manancial da filosofia: o anseio de estar em casa no mundo. O Povo da Areia do Kalahari poderia dizer que a alegoria que o jovem lera o pusera em contato com a "grande fome", que está em regiões mais profundas do estômago do que a "pequena fome". Quanto a mim, quando meu aluno se despediu, fui levado a reler uma breve passagem do meu *Por que a Religião é Importante*:

> Todos nós — mesmo os mais satisfeitos e felizes — temos uma inquietação fundamental. Ela age como um fogo inextinguível que praticamente impede que cheguemos à tranqüilidade total nesta vida. Esse desejo ardente impreg-

Prólogo

na a medula dos nossos ossos e as regiões mais abscônditas da nossa alma. Toda grande literatura, poesia, arte, filosofia, psicologia e religião procura dar um nome e analisar esse anseio. Raramente estamos em contato direto com ele e, na verdade, o mundo moderno parece determinado a nos impedir de entrar em contato com ele, encobrindo-o com uma fantasmagoria interminável de entretenimentos, obsessões, dependências e distrações de todos os tipos. Mas o anseio está aí, entranhado em nós como um boneco numa caixa de surpresas forçando para sair. Duas grandes obras de arte sugerem esse anseio em seus títulos — *Quem somos? Donde Viemos? Para Onde Vamos?* de Gauguin, e *Nostalgia do Infinito,* do pintor italiano de Chirico — mas preciso trabalhar com palavras. Quer compreendamos essa realidade ou não, nosso simples existir como seres humanos implica esse anseio de libertação da existência mundana, com suas paredes limitadoras de finitude e mortalidade.

A Boa-Nova da religião autêntica — neste livro, o cristianismo — é que esse anseio pode ser satisfeito.

INTRODUÇÃO

Vivemos tempos fascinantes. Estamos passando pela segunda das duas grandes revoluções vividas pelo homem.

A primeira foi desastrosa para o espírito humano, pois o empurrou para as margens. A descoberta que Galileu, Kepler e outros fizeram do experimento controlado nos séculos XVI e XVII inaugurou o método científico, e este rapidamente substituiu a cosmovisão tradicional (que gira em torno de Deus) pela cosmovisão científica, que não tem lugar para a divindade e é incondicionalmente secular. É verdade que a religião — nos Estados Unidos, principalmente o cristianismo — está em toda parte, mas isso não afeta a reflexão aqui, pois as culturas são regidas por seus mandarins, os intelectuais, e estes se concentram nas universidades que moldam a mente de estudantes que saem para governar as nações. As universidades americanas atuais são absolutamente seculares.

A segunda revolução — pela qual estamos passando, embora seja muito pouco percebida — é construtiva, porque traz Deus de

A ALMA DO CRISTIANISMO

volta à cena. Ela está ocorrendo porque agora vemos claramente onde o secularismo errou. Ele tornou idênticas duas coisas — ausência de evidência e evidência da ausência — que, examinadas a fundo, são muito diferentes. O fato de que a ciência só consegue tratar do que tem relação com a natureza não é prova de que a natureza (alternativamente, a matéria) seja tudo o que existe. Além disso, é evidente por si mesmo que *existem* outras coisas. A ciência nasce como subproduto dos nossos sentidos físicos, principalmente da visão; todo o mundo científico é uma ampliação feita por microscópios e telescópios daquilo que podemos ver. Porém, apesar de toda sua importância, a visão não consegue abranger tudo. Ninguém jamais viu um pensamento. Ninguém jamais viu um sentimento. E, todavia, os nossos pensamentos e sentimentos estão onde fundamentalmente vivemos nossa vida. Não é preciso dizer que, no quadro cientificista, figuramos como robôs num mundo sem sentido. Felizmente, o senso comum continua sua arremetida para romper esse quadro, o qual está muito longe do senso comum e no extremo oposto ao da cosmovisão cristã. A cosmovisão cristã está toda saturada de significado. Os cristãos não procuram significado. Com outros povos tradicionais (culturas tradicionais são invariavelmente religiosas) eles se alimentam dele, bebem-no, nadam nele e se transformam nele. Em sua maioria, eles não se incomodam em perguntar se a vida tem sentido ou não. Para eles, é evidente que tem.

Assim, embora tenha se firmado na primeira grande revolução descrita acima, atualmente o secularismo perde terreno. Podendo trabalhar apenas com a porção não tradicional do mundo, e com seu erro fatal — identificando ausência de evidência com evidência da ausência — agora exposto, o cenário da modernidade (tempo passado) se apresenta assim:

Depois de erigir a ciência em estrada real para o conhecimento (e convenientemente desconsiderando o fato de que a humanida-

Introdução

de está decaída e com necessidade de ser redimida da sua natureza pecadora), a modernidade passou a prever que a tecnologia asseguraria um progresso sem fim. Progresso sem fim por meio da aplicação tecnológica de descobertas científicas contínuas — é a isso que se reduz o cenário da modernidade. E como ela se baseou numa ilusão (a ilusão de que o método científico é onicompetente), era inevitável que mais cedo ou mais tarde entraria em choque com a realidade — neste caso, a história. E agora o choque se deu, com uma vingança. O século XX, o mais bárbaro da história, transforma o mito do progresso numa brincadeira cruel: 160 milhões de seres humanos chacinados por sua própria espécie; mais pessoas morrendo de fome numa única década do que em toda a história até esse século; epidemia da AIDS na África e em outras partes do mundo; a distância sempre crescente entre ricos e pobres; a crise do meio ambiente; a ameaça do holocausto nuclear — a lista é interminável.

Quanto à tecnologia, ela nos tem proporcionado uma forma muito peculiar de paraíso. O viço começou a abandonar a rosa com *Silent Spring*, de Rachel Carlson, que documentou o impacto letal dos pesticidas. E, ignorada a responsabilidade de que devemos ser guardiões fiéis do mundo natural, o viço continuou se afastando ainda mais da rosa tecnológica. Aviões melhores, armas e gases melhores, explosivos melhores — cada melhoria aumenta o total de medo e ódio e agrava a histeria. Mesmo as aplicações menos destrutivas da tecnologia não são muito mais satisfatórias, pois em que resultam? A multiplicação de objetos possíveis de possuir; a invenção de novos instrumentos de estimulação; a disseminação de novas necessidades por meio da propaganda destinada a igualar posse com bem-estar e estimulação incessante com felicidade. Mas estimulação incessante promovida por agentes externos é causa de escravidão, como também o é a preocupação

A ALMA DO CRISTIANISMO

com posses. Os expedientes inventados para poupar trabalho nos tornaram ainda mais ocupados, e nós nos percebemos enredados numa cultura de pressa que nos transforma numa nação cansada.

É Archibald MacLeish quem nos diz que um mundo acaba quando morre sua metáfora, e a metáfora da modernidade — progresso sem fim por meio da tecnologia impulsionada pela ciência — está morta. É só a regressão cultural — o recuo do bem que se excedeu — que nos faz continuar com ela.

Construídas sobre bases movediças, as instituições da cultura contemporânea são instáveis. As instituições que sustentam a sociedade são principalmente a ciência, a tecnologia, os negócios, a educação, a religião, a mídia, a arte e (presidindo a todas elas) o governo; e hoje nenhuma delas cumpre adequadamente a função que lhe compete. Isso era previsível, pois a ciência não é capaz de inferir do cenário nem mesmo os princípios éticos mais elementares, como a honestidade, que viabilizam as instituições.

Vejamos a situação das nossas principais instituições:

- A *ciência* resolvia o que devia ser pesquisado e, em seguida, pedia apoio governamental ou empresarial. Atualmente, é o governo e as empresas que definem os programas e projetos e então contratam os cientistas das universidades para executá-los. A meta são as patentes. As ciências estão se envolvendo cada vez mais com os aspectos técnicos das coisas, relegando seus conteúdos para o segundo plano.

- A *tecnologia* está sendo usada desproporcionalmente para projetar instrumentos de morte mais eficazes (e escudos para nos proteger deles), por um lado, e para ajudar a indústria a despejar novos bens de consumo que não são realmente necessários, por outro.

Introdução

- Os *negócios* estão em busca de fusões e, com a globalização, os conglomerados internacionais estão cada vez mais livres das restrições governamentais. A competição por lucros impera, e com a "linha do total" dirigindo o espetáculo, o dólar todo-poderoso tornou-se exatamente isso — todo-poderoso. O paradigma dos negócios, como disposto atualmente, está aumentando a distância entre ricos e pobres, tanto no âmbito nacional como no internacional.

- A situação da *educação* é tal que faz qualquer um chorar. Numa entrevista pouco antes de sua morte, Isaac Asimov (um dos escritores de ciências de maior sucesso de todos os tempos) disse que se ele pudesse pedir algo para a sociedade, seria que ela investisse imensamente mais recursos em educação fundamental, pois é nessa etapa de formação que as crianças são mais maleáveis, e por isso as informações que recebem são fundamentais para a constituição do caráter. O desejo de Asimov não foi atendido. E mais, apesar de ter perdido seu senso de direção, a educação superior continua a ditar as regras, pois é ela que forma os professores das escolas públicas.

  Digo que as universidades perderam seu senso de direção porque se transformaram em institutos de treinamento (para conseguir empregos e possibilitar mobilidade social ascendente) e em agências captadoras de recursos. Paralelamente a essas duas tendências, a especialização que as universidades promovem cortou o tecido inconsútil do conhecimento em pedaços chamados "disciplinas acadêmicas" que funcionam dentro de muros departamentais. Cada uma dessas disciplinas tem seu próprio conteúdo e sente-se livre para

A ALMA DO CRISTIANISMO

desenvolver seus próprios métodos para chegar a ele, não vendo nenhuma necessidade de saber o que acontece fora dos seus muros. Além disso, à medida que a especialização disciplinar se aprofunda, as disciplinas se dividem em subdisciplinas, deixando-nos com assuntos intricados, por assim dizer. Isso impossibilita às universidades oferecer a seus alunos perspectiva e compreensão. O resultado é que — apesar do fato de que num sentido muito real a universidade se tornou a igreja constituída dos Estados Unidos, pois uma formação universitária é indispensável para nos mantermos a par das coisas — as universidades tornaram-se marginais à sociedade.

• Depois de atendidas as necessidades biológicas, a *religião* é o recurso mais importante à disposição da sociedade, pois ela dá às pessoas sentido para a vida, motivação e esperança, oferecendo a promessa de salvação se viverem como devem. Mas, atualmente, a religião está paralisada entre liberais e conservadores que se anulam mutuamente.

Cristãos conservadores, em geral rotulados de fundamentalistas, tendem a um literalismo bíblico que é impraticável porque ignora os contextos que dão significado às palavras — contextos diferentes, significados diferentes — e correm o risco constante de enveredar por programas políticos desastrosos.* Pior ainda, eles não são leais a Jesus. Jesus era invariavelmente generoso, enquanto os funda-

---

* O fundamentalismo dogmático normalmente é associado aos conservadores, mas há na verdade dois fundamentalismos dogmáticos nos Estados Unidos atualmente. A modernidade secular dogmática apareceu antes e produziu o fundamentalismo religioso conservador como reação a ela.

Introdução

mentalistas tendem a ser estreitamente dogmáticos e chauvinistas.

As igrejas liberais, por sua vez, estão cavando seus próprios túmulos, porque sem uma cosmovisão robusta, enfaticamente teísta com a qual trabalhar, elas não têm outra coisa a oferecer a seus membros senão clamores exaltados para que sejam bons. Peter Berger diz que: "se há uma coisa que caracteriza a modernidade, é a perda do sentido de transcendência — de uma realidade que ultrapassa e contém as nossas ocupações diárias." As universidades representam essa perda, e como os clérigos precisam ser educados, sua formação universitária inevitavelmente os afeta e dilui sua fé na transcendência. (A relação dos conservadores com a transcendência não é diferente.)

O feitiço está virando contra o feiticeiro; estamos testemunhando o apogeu de uma transformação de dois séculos de teologia liberal em filosofia ética e de piedade em moralidade. A moralidade se tornou o fundamento do cristianismo liberal, e não o contrário, e em conseqüência a autoridade da religião diminuiu junto com o mistério do sagrado. Essa capitulação ao secularismo é desastrosa porque, como disse Saul Bellow: "é difícil ver como o homem moderno pode sobreviver com aquilo que ele agora obtém da sua vida consciente — agora que há uma espécie de veto contra pensamentos intoleráveis, o mais intolerável sendo a idéia de que o homem poderia ter uma vida espiritual, de que ele não tem consciência, que procura alcançar a transcendência."

- A *mídia* se tornou um grande negócio, com incorporações reduzindo o âmbito das opiniões, e níveis de audiência (que

A ALMA DO CRISTIANISMO

revelam o que o público quer ouvir) ditando as regras. A *New York Review of Books,* que quase chega a ser o boletim dos intelectuais nos Estados Unidos, aborda admiravelmente assuntos de política, história, ciência, biografia, arte e praticamente todas as demais áreas humanas, mas exclui resolutamente a fé religiosa, que ignora como sendo uma relíquia ultrapassada e uma ferramenta para fanáticos.

- A *Arte* tinha como aspiração transportar-nos a planos superiores de realidade. (Quando perguntaram a Mickey Hart, da banda Grateful Dead, por que um dos integrantes do grupo ficava tão fascinado com a entoação multifônica de lamas tibetanos, ele respondeu: "Porque ambos atuamos no setor de transportes.") Mas como a ciência não tem planos superiores para onde nos transportar, aos artistas restam apenas as planícies com que se ocupar. Plotino percebeu claramente que "aquele que contempla a beleza torna-se belo", mas beleza deixou de ser uma palavra norteadora entre os artistas. Ela foi em grande parte substituída pelo impacto através de vários canais — a arte abstrata com sua ênfase à forma e ao valor de choque (o esforço para nos instigar a ver este mundo de um modo diferente), a sátira e a auto-expressão, esperançosamente autêntica. Posso estar exagerando aqui. Há coisas belas sendo criadas atualmente. O candelabro de Richard Lippold tremeluzindo no teto abobadado sobre o altar da catedral de Santa Maria em San Francisco — centenas de varetas de aço inoxidável soltas, algumas prateadas, outras douradas — é uma obra de arte realmente grandiosa. Belos poemas também estão sendo escritos. Mas essas são exceções que confirmam a regra, como pode atestar uma visita ao Museu de Arte Moderna de Nova York ou um concerto montado pela New Music Society.

Introdução

Encontrei certa vez no norte da Índia um homem que havia sido um pintor de sucesso na Califórnia, mas que se mudara com a família e durante dois anos estivera estudando Budismo Tibetano e a arte altamente estilizada, canonizada, da pintura de imagens. Quando manifestei minha surpresa com a guinada de sua vida, ele me explicou que nos Estados Unidos ele havia tentado se expressar através da pintura em tela, mas que não precisou de muito tempo para perceber que tinha muito pouco conteúdo interior para isso. Voltemos ao Ocidente. Hegel assim se manifestou sobre a arte do seu tempo: sim, as pessoas ainda escrevem poesia e pintam, mas "por mais admiráveis que possam parecer os deuses nessas obras de arte modernas e seja qual for a dignidade e perfeição que possamos encontrar nas imagens de Deus Pai e da Virgem Maria que essas obras representam, elas de nada servem. Nós não nos ajoelhamos mais". Isso foi dito dois séculos atrás.

- O *Governo*, que de certa forma preside tudo o que acontece, exige do seu povo o que ele mesmo não pode oferecer — isto é, significado, motivação e esperança. E (como esta rápida revisão indicou) porque as instituições que estão sob a égide do governo não conseguem oferecer essas coisas, o mundo dos negócios assumiu o comando. Como Gore Vidal assinala, na verdade temos um único partido político nos Estados Unidos atualmente, o partido da propriedade, e nesse partido os que dão os lances maiores levam o prêmio. Tudo isso é verdade apesar da percepção de que neste momento Washington é devedor aos fundamentalistas cristãos. Na medida em que isso é verdade, é o cristianismo seqüestrado para propósitos políticos que está no assento do motorista.

A ALMA DO CRISTIANISMO

Há mais um componente que precisa ser acrescentado a esta lista, embora seja mais um pressuposto do que uma instituição:

- *Individualismo.* A modernidade nos induz a acreditar que não há direito maior que o de escolher aquilo em que a pessoa acredita, que quer, necessita ou deve possuir. Isso nos dá "a cultura do narcisismo" que Christopher Lasch descreve no seu livro que leva esse título. Acreditamos que a nossa vontade é soberana porque sem postulados, livre porque espontânea, e é o dom mais excelso que possuímos. O poeta Rilke mostra a conseqüência: "Sejamos honestos: Não temos um teatro hoje mais do que temos um Deus; para esses a comunidade é necessária." Estamos de tal forma impregnados de um individualismo desenfreado que é difícil percebermos que ele não é universal. Quando estive na Índia, ao receber ajuda, muitas vezes quem me ajudava respondia ao meu agradecimento não com "Não há de quê", mas com "Esse é o meu *dharma*, o meu dever". O conceito de *dharma* une o dever à verdade e dá a resposta: "É o dever que Deus me impôs" — uma grande distância do que quem ajudou poderia estar *propenso* a fazer.

  Ao mesmo tempo, e no pólo oposto ao individualismo, a melancolia nesse estágio tardio da modernidade secular se tornou um estado de espírito coletivo. Ela normalmente afligia pessoas que se sentiam rejeitadas e exiladas da significação do cosmos. Hoje, ela é uma doença cultural derivada de um mundo exaurido do significado que a religião promete e que lança dúvida sobre todas as fontes tradicionais — teológicas, metafísicas, históricas. Acrescente essa disposição de ânimo e pressuposto às instituições instáveis da nossa sociedade e acabamos ficando com uma sociedade desorientada. Debatendo-se.

Introdução

Seria inútil tentar sugerir como essas instituições poderiam ser escoradas, pois (como foi indicado anteriormente nesta Introdução) é preciso haver antes bases sólidas sobre as quais elas possam assentar-se; e a modernidade secular, que está construída sobre premissas falsas, não pode fornecer essas bases. Chegou o momento de reconhecer que não foi algo que a modernidade *descobriu* que nos põe num rumo impraticável, mas um erro que ela cometeu. Felizmente, erros podem ser corrigidos, e esse segundo momento decisivo na história do espírito está testemunhando essa correção.

Este livro procura contribuir para essa correção. Na véspera de uma de suas batalhas decisivas, consta que Napoleão Bonaparte teria exclamado: "Meu centro não está resistindo; meus flancos estão desordenados; atacarei!" Essa decisão repercute no ditado do futebol: "A melhor defesa é um bom ataque." Daqui em diante este livro segue essa estratégia. Ele defende o cristianismo narrando a história cristã de uma forma que é mais persuasiva do que os ataques do secularismo a ele.

Um relato histórico (que casualmente é uma porção fascinante da história dos Estados Unidos que não deve ser esquecida) pode nos lançar no conteúdo deste livro:

> Foi criada na primeira metade do século XX a Tennessee Valley Authority, uma empresa pública de engenharia, com o objetivo de construir uma represa para geração de eletricidade para esse Estado sulino. Funcionários entraram em contato com os residentes da região a ser atingida para removê-los para outros lugares. Os termos do acordo eram satisfatórios e as pessoas concordaram. Com uma única exceção — um homem que estava disposto a resistir.
>
> Cenário e dialeto típicos dos montes Apalaches. O dialeto é importante porque o inglês local (que está sendo ab-

sorvido pelo inglês padrão que atualmente é exigido dos locutores de rádio e de apresentadores de televisão) é uma fonte de prazer e exatidão.

Um velho sentado debaixo da cobertura estreita de sua cabana de um só aposento, fumando seu cachimbo de sabugo de milho, o cachorro deitado a seus pés. (Vou pular o proverbial jarro de *whiskey* ilegal — este é um relato real, não uma caricatura.) O velho ouve seus visitantes e diz: "Não vou sair." Os argumentos não adiantam nada, como também não resolve nada o aumento da aposta — mais terra, uma casa melhor, etc. Sempre a mesma resposta: "Não vou sair."

Quando a barganha recomeça, o velho ouve de novo e então diz: "Vocês não entendem, não é, rapazes? Entrem aqui. Quero mostrar-lhes uma coisa." Nenhum conforto, mas o fogo arde na lareira.

"Estão vendo o fogo, rapazes? Meu avô começou ele, e quando ele morreu meu pai continuou mantendo ele aceso. Se eu sair, esse fogo vai se apagar. E agora, rapazes, vocês entendem? Não vou sair."

Os negociadores foram embora. No dia seguinte, voltaram com um buldôzer e uma carreta de plataforma aberta. O buldôzer recolheu a cabana e a colocou na plataforma da carreta e, com o proprietário e seu cachorro seguindo de perto, depositaram a carga em outro lugar.

Provavelmente o leitor já entendeu aonde quero chegar. Este livro procura fazer sua parte para manter a história cristã viva.

Kentucky não é o Tennessee, mas faz limite com ele, e como Wendell Berry é agricultor, um homem da terra (como eram quase

Introdução

todos os habitantes do Vale do Tennessee), vamos deixar que ele exponha a mesma questão menos radicalmente:

> Meu neto, que tem quatro anos de idade, agora acompanha seu pai e a mim por algumas das mesmas terras por onde eu acompanhava meu pai e meu avô. Quando chegar o momento, meu neto fará a escolha que deve fazer, mas até agora todos nós fomos fazendeiros. Sei por meu avô que quando ele era criança, ele também acompanhou o pai dele desse modo, ouvindo e vendo sem saber conscientemente que a parte mais importante da sua educação havia começado.

Essas seções preliminares tiveram o objetivo de mostrar a situação geral — o contexto histórico em que o livro se situa. Agora estamos prontos para começar o livro propriamente dito.

Parte Um

A COSMOVISÃO CRISTÃ

Os paradoxos deste mundo, desde os nossos afazeres mais simples até os princípios da mecânica quântica e da teoria da relatividade, são a forma que a vida e a natureza encontraram para repelir uma filosofia falsa, o naturalismo.

O pano de fundo da história cristã é o seu mundo bidimensional que o Prólogo deste livro introduziu por meio da alegoria da caverna de Platão. Nessa alegoria, os contornos indistintos no interior da caverna contrastam intensamente com o "mundo externo" iluminado, um cenário que serve de metáfora para a dimensão superior ("transcendência" foi a palavra usada por Peter Berger) a que todas as cosmovisões religiosas se referem. Na Ásia Oriental, Confúcio definiu esse cenário com concisão definitiva: "Céu e terra; só o Céu é Grande." No sul da Ásia, *samsara* é inferior ao Nirvana, e na família abraâmica de religiões, Yahweh/Deus/Alá criou o universo. Sem uma dimensão superior, a supremacia de um Deus Infinito, qualquer que seja seu nome, não faz sentido, como não fazem sentido a natureza verdadeira de Jesus, a redenção de uma humanidade decaída, a oração, a salvação, e assim por diante. E pensando bem, também a ciência não faz sentido. Cientistas fronteiriços trabalham sempre nos limites do infinito, pois além da borda do universo de hoje está o infinito desconhecido em que entraremos amanhã. A mesma coisa acontece quando perscrutamos as profundezas do átomo, igualmente infinitas. Esta parte do livro — Parte Um — reproduz a dimensão superior do mundo descrevendo seus pontos fixos, enumerados abaixo, na convicção de que, se preservados com clareza, a história cristã nos impressionará mais vivamente.

Antes de relacionar esses pontos, vejamos o quadro geral em que eles se situam. *O mundo cristão é objetivo,* no sentido de que ele estava aqui antes de nós e que compete a nós compreendê-lo. "Honre o objeto, não o sujeito", recomendava Czeslaw Milosz; o cristianismo faz isso.

Todos aceitavam essa visão naturalmente até que a filosofia moderna introduziu o idealismo em confronto com o realismo. A ciência continua realista porque pode demonstrar que o mundo é o mesmo sem nós, mas quanto ao restante, a modernidade parte do princípio de que devemos começar pelo modo como o mundo *se apresenta* a nós e extrapolar a partir daí. William Blake percebeu imediatamente o equívoco: quando começamos com a divisão eu/mundo (os animais e os povos tradicionais não fazem isso), não há como reverter a situação. Como ele escreveu:

> *The dim window of our soul*
> *Distorts de heavens from pole to pole*
> *And leads us to believe the lie*
> *That we see with, not thro', the eye.*

A Cosmovisão Cristã

(*A janela embaçada da nossa alma/Deforma os céus de um pólo a outro/E nos leva a acreditar na mentira/De que vemos com os olhos, e não através deles.*)

Isso dito, podemos passar a enumerar os pontos fixos do mundo cristão — ou melhor, da cosmovisão cristã, pois ela inclui mundos menores que se aninham em seu interior como caixas chinesas, como atesta a última estrofe de "Rocha Eterna":

While I breathe this fleeting breath,
When I close my eyes at death,
When I rise to worlds unknown,
and behold thee on thy throne;
Roch of Ages, cleft for me,
let me hide myself in thee.

(*Enquanto respiro esse alento fugaz,/Ao fechar os olhos à morte,/Ao elevar-me a mundos desconhecidos,/e contemplar-te em teu trono;/Rocha Eterna, fendida para mim,/possa eu ocultar-me em ti.*)

1. *O mundo cristão é Infinito.* Se nos detemos na finitude, damos com uma porta com um só lado, um absurdo. O Infinito tem *passagens,* mas não *portas.*

2. *O Infinito inclui o finito* ou ficaríamos com "infinito mais finito" e o Infinito não seria o que afirma ser. A imagem natural que representa a inclusividade do Infinito é o círculo, um círculo oniabrangente que abarca o nosso universo finito e do qual é impossível sair. "Nele vivemos, nos movemos e existimos", diz Paulo, e Agostinho acrescenta: "Deus é um círculo cujo centro está em toda parte e cuja circunferência não está em lugar nenhum."

A ALMA DO CRISTIANISMO

Estamos aqui diante da onipresença de Deus, uma realidade que precisa ser vivida, não apenas afirmada. Jonathan Edwards descreveu como se convenceu da presença de Deus durante uma longa caminhada contemplativa nas pastagens do seu pai e como essa caminhada lhe mostrou que a onipresença de Deus exigia que a majestade divina incluísse, não excluísse, também a mansidão. É um ponto importante, por isso cito-o por inteiro:

> Minha sensação das coisas divinas foi aumentando aos poucos e se tornou cada vez mais intensa e mais doce. A aparência de tudo se alterou; parecia haver uma expressão ou manifestação tranqüila e suave da Glória Divina em quase tudo. A excelência de Deus, Sua sabedoria, Sua pureza e amor pareciam revelar-se em tudo: no sol, na lua, nas estrelas; nas nuvens e no céu azul; na relva, nas flores, nas árvores; na água e em toda a natureza, que se fixava intensamente na minha mente. Às vezes eu me sentava e contemplava a lua por um longo tempo, e também durante o dia passava muito tempo observando as nuvens e o céu para admirar a doce glória de Deus nessas coisas, e nesse meio-tempo entoando em voz baixa minhas contemplações do Criador e do Redentor. E dificilmente alguma coisa entre todas as obras da natureza me eram tão doces como o trovão e o raio: antes nada me fora mais terrível. Eu era uma pessoa anormalmente apavorada com o trovão e ficava aterrorizado quando via uma tempestade surgindo. Agora, ao contrário, isso me enchia de alegria. Eu sentia Deus ao primeiro sinal de uma tempestade em formação e então aproveitava a oportunidade para me concentrar na visão das nuvens, ver o jogo dos relâmpagos e ouvir a majestade e a voz estrondosa do trovão de Deus, que me conduziam

A Cosmovisão Cristã

às contemplações doces do meu grande e glorioso Deus; e enquanto contemplava, eu passava o tempo cantando ou louvando em meditação, expressando meus pensamentos em solilóquios — falando com voz musical.

3. *Os conteúdos do mundo finito são organizados hierarquicamente.* Arthur Lovejoy deu ao seu importante estudo de história da filosofia o título de *The Great Chain of Being* e ele dizia que a idéia que dava sustentação a esse título fora aceita pelas pessoas mais cultas em todo o mundo até que a modernidade a abandonou equivocadamente no final do século XVIII. *The Great Chain of Being* apresenta a idéia de um universo composto por um número infinito de elos dispostos em ordem hierárquica desde a existência mais ínfima, passando por todos os níveis possíveis e chegando ao Infinito ilimitado. A ascensão pode ser um continuum suave, mas para propósitos práticos é útil dividi-la em categorias — degraus numa escada, por assim dizer. As categorias aristotélicas de mineral, vegetal, animal e racional continuam úteis, mas terminam muito cedo. Os seres humanos estão apenas a meio caminho na cadeia. Acima deles estão os coros angelicais, simbolizados no sonho de Jacó por anjos que subiam e desciam por uma escada que ligava a terra ao céu. No século III, Orígenes inverteu a escada para mostrar que a causação é descendente: "Todas as coisas começaram de um único princípio", disse ele,

> mas foram distribuídas por diferentes níveis de existência de acordo com seu mérito; porque nelas a bondade não existe essencialmente como existe em Deus, no Seu Cristo e no Espírito Santo. Pois somente nessa Trindade, que é fonte de todas as coisas, a bondade reside essencialmente. Outros a possuem como um acidente, passível de perda, e

somente quando vivem na bem-aventurança participam da santidade, da sabedoria e da natureza divina propriamente dita.

4. *A causação se processa de cima para baixo, desde o Infinito até os níveis mais inferiores da realidade.* Isso nos leva a outra razão por que (como sugerido na Introdução) o Ocidente pode hoje estar mais disposto a ouvir a história cristã: as evidências que surgem estão forçando os cientistas a reavaliar a teoria da causação ascendente, que sempre competiu com a posição cristã. Isso precisa ser aprofundado.

Como a ciência é empírica, tudo nela decorre dos nossos sentidos físicos. O fato de que esses sentidos só se relacionam com objetos físicos e de que todo o edifício da ciência está alicerçado sobre os sentidos físicos levou os cientistas a acreditar que a matéria é a substância fundamental do universo. O cenário que eles conhecem começa com o Big Bang, origem das entidades mais elementares possíveis de conceber — quarks, cordas, o que você quiser — que se agruparam em entidades cada vez mais complexas até que, no último nanossegundo do tempo cósmico, apareceram a vida e a consciência. Todo esse processo é causação ascendente.

O que está levando os cientistas a repensar esse cenário é a compreensão que começam a ter de que ele não explica *por que* a complexidade aumenta. Dizer que ela resulta do momentum do Big Bang não é uma boa saída, porque, antes de mais nada, ninguém sabe o que produziu o Big Bang. E dizer que as formas complexas *emergiram* não é explicação muito melhor, porque emergência é um conceito descritivo, e não explicativo. (Detenha-se por um momento e reflita sobre isso; deixe essa questão quase sempre desconsiderada sedimentar-se.)

A Cosmovisão Cristã

Tudo isso está levando os cientistas a pensar que a substância que fundamenta o universo não é a matéria, mas a informação. Isso modifica o trabalho da ciência que, como os cientistas sempre imaginaram, é identificar estruturas subjacentes que precisam obedecer a determinadas equações, sejam elas quais forem. Hoje, entretanto, o mundo é visto como uma hierarquia de sistemas aninhados — hólons — que transportam informação, e o trabalho da teoria física é extrair desses sistemas toda informação possível. Isso liberta a ciência do projeto reducionista de forçar a natureza a caber em seu leito procustiano e transforma os cientistas em investigadores que inquirem a natureza, obtendo respostas e mantendo-se abertos à possibilidade de que a natureza tenha níveis mais profundos de informação a divulgar. Nada que tenha substância na ciência mecanicista se perde. O que cede terreno é a idéia de que a física é um processo de baixo para cima em que o conhecimento das partes de um sistema determina o conhecimento do sistema como um todo. Na abordagem informacional o todo é invariavelmente maior do que a soma de suas partes, o que a cosmovisão cristã afirma em sua causação descendente.

5. *Ao descer à finitude, a singularidade do Infinito se desdobra em multiplicidade* — o Um torna-se os muitos. As partes dos muitos são virtudes, porque elas conservam em menor grau a assinatura da perfeição do Um. A virtude que tudo fundamenta é a existência, porque para ser mais do que invenções da imaginação, as virtudes precisam existir. A máxima escolástica diz: *Esse qua esse bonum est,* "O ser enquanto ser é bom." É bom simplesmente existir — uma fatia de pão real é melhor do que uma fatia imaginada. Além da existência, o que as virtudes são? A Índia começa a lista com *sat, chit* e *ananda* (ser, consciência e beatitude). O ternário ocidental é o bem, a verdade e o belo. Esses pontos de partida se expandem

A ALMA DO CRISTIANISMO

em criatividade, compaixão e amor, até que chegamos aos Noventa e Nove Nomes de Deus do islamismo, que incluem o Santo, o Misericordioso, o Delicado, o Único, o Glorioso, e assim por diante. Acima de todos eles está o centésimo nome, o qual — simbolicamente ausente do rosário islâmico — é indizível.

6. Quando, de nossa posição na cadeia causal, olhamos para cima, descobrimos que *à medida que as virtudes se elevam na escada causal, elas se expandem* do mesmo modo que o peito se dilata quando respiramos profundamente e inalamos o ar, que nesse exemplo representa Deus. *À medida que as virtudes se expandem elas começam a se sobrepor; as distinções entre elas desaparecem gradualmente e elas se misturam.* Isso exige que as imagens da escada e da cadeia sejam substituídas pela figura da pirâmide. Flannery O'Connor deu a um de seus livros o seguinte título *Everything That Rises Must Converge*, e é isso que acontece. (Teilhard de Chardin diz a mesma coisa. As linhas longitudinais sobre o nosso planeta fazem isso ao convergir nos pólos norte e sul.) No topo da pirâmide, Deus sabe amorosamente e ama sabiamente, e assim por diante, até que na infinidade de Deus as diferenças (que indicam separação) desaparecem totalmente na "simplicidade" divina, um termo técnico que pode ser comparado a um ponto matemático que não tem extensão. (Não há nada de simples numa "simplicidade" que inclui tudo. Poderíamos falar de distinções sem diferenças, mas nenhum subterfúgio verbal desse tipo pode fazer alguma coisa mais do que escamotear os profundos paradoxos em que incorremos quando tentamos compreender Deus com nossa mente finita.) Qualquer virtude servirá para dar nome a esse ponto matemático, desde que a palavra seja escrita com inicial maiúscula, em conseqüência do que as palavras se tornam sinônimos. Deus é o nome convencional português para o Infinito, mas Bom, Verdadeiro, Real, Todo-poderoso, Um, etc., são igualmente apropriados.

A Cosmovisão Cristã

7. Voltando ao ponto matemático: quando o poder e a bondade (e as outras virtudes) convergem no topo da pirâmide, a afirmação mais desconcertante da cosmovisão cristã se revela: *a perfeição absoluta reina.*

- "Flocos de neve caindo, um a um,/Cada floco cai/em seu lugar apropriado" (haikai zen).

- "Embora o mundo esteja praticamente na pior forma que se possa imaginar, no olho do furacão tudo está bem" (Hegel).

- "Vi numa visão que todas as coisas feitas são bem-feitas, por isso não há necessidade de misericórdia ou de graça, porque nelas mesmas já não falta nada" (Julian de Norwich).

Isso nos põe face a face com o problema do mal. O mal é o Rochedo de Gibraltar contra o qual toda filosofia racional se choca e despedaça. Para entender-nos com ele, precisamos olhá-lo de um ângulo diferente, um ângulo religioso mais elevado. Desse ângulo, a história é esta:

Deus dotou os seres humanos de inteligência e liberdade, sem as quais eles seriam meras marionetes. A liberdade traz com ela a capacidade de cometer erros. Deus não forçou os seres humanos ao pecado — isso seria retirar a liberdade que lhes foi concedida — mas em algum ponto do percurso um erro foi cometido, e ele entrou na corrente sangüínea humana (ou no banco de genes como diríamos hoje), impondo assim o pecado original sobre a humanidade — "original" não no sentido temporal da palavra, mas no sentido de arquetipicamente universal, um padrão do qual surgem inúmeras variações. Na narrativa bíblica, metafórica, Adão e Eva foram criados sem pecado, mas cometeram o erro de comer o fruto proibido, e esse ato os expulsou do paraíso, fora do qual seus descendentes continuam a viver. Somos seres complicados capazes de grandes atos de nobreza e de maldades horrendas. O pecado que mais nos acossa é o de colocar-nos acima dos outros; o egoísmo ou o egocentrismo está implantado em nós. Não podemos nos livrar dessa deficiência, mas podemos e devemos trabalhar para refreá-la.

8. A "grande cadeia do ser" com seus elos de valor crescente precisa ser alongada pela fórmula clássica "Como em cima, assim embaixo". Em outras palavras, *tudo o que está fora de nós está também dentro de nós:* "O reino de Deus está dentro de vós." Nós percorremos e nos detemos em todos os planos da cadeia do ser, como Sir Thomas Browne percebeu e registrou no seu *Religio Medici* do século XVII: "O homem é um anfíbio múltiplo, com condições de viver não apenas como outras criaturas em elementos diferentes, mas também em mundos separados e distinguíveis." Para compreender esses mundos precisamos introduzir uma breve descrição do simbolismo do espaço.

Quatro frases da introdução de C. E. Rolt a *Dionysius the Areopagite: On the Divine Names and the Mystical Theology* nos ajudam a começar. "Em Teologia, metáforas espaciais são sempre perigosas, apesar de inevitáveis", escreve ele. "No espaço, se A está em contato com B, então B também deve estar em contato com A. No mundo espiritual, isso não acontece. Deus está perto de mim (ou melhor, em mim), e todavia eu posso estar longe de Deus, porque posso estar longe do meu próprio verdadeiro ser." Podemos aplicar isso à questão em discussão do seguinte modo:

Visualizado externamente, como estando fora e separado de nós, o Bem reveste-se de metáforas relacionadas com a altura: os

A Cosmovisão Cristã

deuses sempre habitam no topo de montanhas, e os anjos cantam no alto. Quando passamos a olhar para dentro, a imagem espacial recebe um impulso e inverte sua posição. Dentro de nós, o melhor está no nosso íntimo mais profundo: ele é básico, fundamental, o fundamento do nosso ser. Aquilo que fora de nós procuramos nos mais altos céus, dentro de nós procuramos nas profundezas da alma. O diagrama a seguir apresenta visualmente nossa natureza anfíbia, os mundos múltiplos que habitamos.

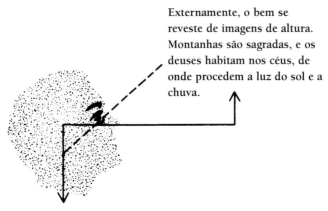

Externamente, o bem se reveste de imagens de altura. Montanhas são sagradas, e os deuses habitam nos céus, de onde procedem a luz do sol e a chuva.

Internamente, o bem se reveste de imagens de profundidade. Nós o sentimos no centro, como o coração e outros órgãos vitais, dentro de um invólucro protetor de ossos e tendões.

O diagrama mostra a *divindade apofática* inefável, indizível, no alto, descendo através do *Deus catafático* pessoal, descritível, até os *anjos* e destes até o *universo físico*. Quanto a nós, a *mente* é mais importante do que o *corpo*, a nossa alma (que, segundo Aristóteles, anima o nosso corpo infundido de mente) é mais importante do que o corpo e a mente, e o Espírito é o alento de Deus — a *imago Dei* que é o fundamento do nosso ser.

9. *Não podemos conhecer o Infinito.* Como estamos nele, porém, vislumbres dele às vezes chegarão a nós, mas não podemos conseguir mais do que isso por nós mesmos. Para que possamos conhecê-lo realmente, o Infinito precisa tomar a iniciativa e mostrar-se a nós. Para haver uma relação de amor entre o Infinito e o finito, o Infinito precisa iniciar o galanteio. Daí Revelação, *re-velum*, desvelar, abrir a cortina que oculta o Infinito do finito, Deus do mundo.

10. *A revelação é múltipla em abrangência e grau;* ela tem tanto extensão horizontal como profundidade vertical. "O Evangelho reúne em si mesmo largura e estreiteza" (Dionísio, o Areopagita). Começo com sua extensão:

As civilizações diferem, cabendo às melhores realizar plenamente o potencial humano que nenhuma delas pode limitar. "Se Alá quisesse, Ele teria feito de vós um só povo", lemos no Alcorão, "mas vos fez como sois. Rivalizai então entre vós por boas obras. A Alá todos retornareis, e então Ele vos informará a respeito de vossas diferenças" (V:48). A frase "a Alá todos retornareis" é ambígua. Aqui ela indica que todas as revelações são caminhos para a salvação; como os povos só entendem sua própria língua, "Jamais enviamos mensageiro algum que não falasse a língua do seu povo, para que pudesse transmitir-lhes uma mensagem clara" (XIV:4). A Revelação única se expressa em idiomas diferentes — quer dizer, em diferentes revelações, com letra minúscula, todas contendo verdade suficiente para a salvação. Veremos mais adiante se todas as pessoas se salvam.

A Cosmovisão Cristã

Sendo anterior, o cristianismo era mais isolado do que o islamismo, e assim a doutrina da salvação universal era menos necessária no cristianismo enquanto essa fé estava abrigada em seu próprio casulo. A afirmação de Orígenes no século III foi questionada no Quinto Concílio Ecumênico três séculos mais tarde, mas mesmo assim, São Vicente de Lérins — cujo cânone referente "ao que se acreditou em toda parte, sempre e por todos" é a verdadeira definição de ortodoxia — disse que ele preferia estar errado com Orígenes a estar certo com o mundo. Atualmente, porém, em nosso mundo globalizado, multicultural, a crença na salvação universal se tornou importante e precisamos enfrentar os obstáculos que se opõem a ela.

O principal deles é a presunção de superioridade, comum a todas as religiões. No cristianismo, sua instância mais enfática está na afirmação peremptória de Pedro aos governantes e anciãos de que "não há, debaixo do céu, outro nome (o de Jesus) dado aos homens pelo qual devamos ser salvos" (Atos 4,12). E para citar apenas um exemplo de outra tradição, diz a lenda que Buda, ao nascer, teria dito: "Eu somente sou o mais venerado no céu e na terra"; e novamente, "Como as pegadas de todos os outros animais estão contidas na pegada do elefante, assim todos os *dharmas* (religiões) estão contidos nos ensinamentos do Iluminado". Afirmações como essas podem ser amenizadas até certo ponto reconhecendo que os céus e a terra que os oradores tinham em mente eram provincianos — aqueles com que eles e seus ouvintes estavam envolvidos — mas o aspecto mais profundo é este: as revelações são para as civilizações que elas criam, e no âmbito de cada uma delas as verdades reveladas *são* absolutas e não podem tolerar rivais. Não há dissimulação nisso: quando um homem diz que sua mulher significa o mundo para ele, ele não está afirmando que ela deve

A ALMA DO CRISTIANISMO

significar o mundo para outros homens. Além disso, fundamentando o "absoluto relativo" de sua afirmação, há um absoluto Absoluto: ele *acredita* que todos os homens devem sentir por suas esposas o *amor* que ele sente pela dele. Em nossa época multicultural, os cristãos estão começando a entender este ponto. Somente uma minoria de cristãos (a maior parte dos protestantes evangélicos de viés fundamentalista, católicos conservadores e ortodoxos que interpretam rigidamente o ensinamento "fora da igreja não há salvação") afirma hoje que todos os não-cristãos vão para o inferno. Além disso, o não-exclusivismo foi defendido ao longo de toda a história cristã, embora não pela maioria. Quatro exemplos que vale a pena mencionar:

- Do século VII ao XII, floresceu na Espanha medieval uma grandiosa e próspera civilização que congregava todos os credos. O cristianismo, o islamismo e o judaísmo não só se toleravam, mas se envolviam ativamente uns com os outros. Eles extraíam uns dos outros recursos artísticos e espirituais ao mesmo tempo em que mantinham a integridade das suas próprias tradições.

- No século XVI, um frade franciscano, Geronimo de Mendieta, que fora à Nova Espanha (México) como missionário, depois de viver com os índios durante algum tempo passou a considerá-los como *genus angelicum,* um fragmento isolado da raça humana que havia conservado a inocência, a simplicidade e a pureza primordiais que Adão e Eva haviam conhecido no paraíso. Uma índia nua, dizia ele, era mais pura do que uma senhora européia elegantemente vestida. Ele afirmava que os índios americanos praticavam, quase intuitivamente, todas as virtudes espirituais ensinadas por Jesus no Sermão da Montanha.

A Cosmovisão Cristã

- Um exemplo do século XX é o monge beneditino francês Dom Henri Le Saux, que escolheu a Índia como campo missionário. Quando encontrou o santo indiano Ramana Maharshi, ele se convenceu de que o Advaita Vedanta e a doutrina cristã não são senão duas formas de uma Verdade idêntica, e adotou o nome Abhishiktananda, Beatitude do Ungido. Ele viveu todo o restante de sua vida num mosteiro nos Himalaias, perto da nascente do Ganges. O padre Bede Griffiths seguiu o mesmo caminho, comparando as religiões aos dedos da mão, separados mas trabalhando juntos.

- Um exemplo mais recente é o de Wilfred Cantwell Smith, um missionário em Lahore, Paquistão, que se tornou fluente em árabe. Quando os problemas relacionados com a separação do Paquistão da Índia exigiram seu retorno à América do Norte, ele se tornou um conceituado professor de estudos islâmicos. Embora continuasse fiel ao cristianismo, ele pedia a seus alunos avançados na McGill University que observassem os quatro preceitos obrigatórios ou "pilares do islamismo": recitar o credo — "Não há outro Deus senão Alá, e Maomé é seu profeta" (os alunos podiam substituir Maomé por outro profeta de sua preferência, se quisessem); rezar cinco vezes por dia nos horários determinados, voltados para Meca; dar esmola aos pobres; e jejuar desde o nascer até o pôr-do-sol se o curso se realizasse durante o mês de Ramadã. (O quinto pilar não é obrigatório no islamismo. Somente quem tem condições de fazer uma peregrinação a Meca, sem criar muitos problemas para sua vida, é obrigado a observar o *hajj*; de qualquer modo, não-muçulmanos não podem entrar em Meca.)

A ALMA DO CRISTIANISMO

Esses exemplos anunciam uma nova disposição da cristandade, um reconhecimento geral, mais consciente, de que embora para os cristãos Deus seja *definido por* Jesus, ele não está *restrito* a Jesus.

Volto agora aos graus da Revelação. Suas instâncias paradigmáticas são aquelas em que Deus penetrou na consciência humana com uma força criadora de civilizações. A saber:

- Moisés no monte Sinai. O trovão retumba no alto da montanha. Uma fumaça espessa obscurece o céu. Relâmpagos iluminam a densa nuvem enquanto o som ensurdecedor do chifre do carneiro soa estridente, longo e urgente na noite negra. Os sons agudos da trombeta atravessam os raios e sacodem a montanha. O chão que sustenta os hebreus encrespa-se com ondas violentas como o mar golpeado pelo furacão. Todo o cume da montanha é uma fornalha que vomita fumaça preta enquanto a tempestade de fogo devorador desaba sobre os picos. Depois, com uma série de espasmos, a terra se acomoda e a montanha se aquieta; o som do chifre do carneiro, longo, ensurdecedor, aos poucos desaparece. O céu se abre e Moisés desce da montanha com as palavras que ouviu no alto: "Eu sou YHVH. Eu sou o teu Deus." Mas os israelitas não conseguem ver Moisés, porque ele refulge como ferro incandescente apenas tirado das brasas.

- Jesus emerge das águas do Jordão depois do batismo, vê os céus se abrirem e o Espírito descer sobre ele como uma pomba, e ouve uma voz que diz: "Tu és o meu Filho amado, em ti me comprazo."

- Saulo, derrubado do cavalo e ficando cego na estrada para Damasco, ouve uma voz dizendo: "Saulo, Saulo, por que me

A Cosmovisão Cristã

persegues?" Então ele se torna Paulo, e a igreja cristã recebe um apoio na história.

Teofanias dessa magnitude infundem nos que as recebem um carisma que se revela em seus discípulos, e essa é a primeira extensão da Revelação. Os registros das mensagens de Moisés, de Jesus e de Paulo, dos Evangelhos e dos Atos, não têm o imediatismo dos contatos face a face, e assim são um passo de afastamento com relação à fonte, e as reflexões teológicas são outro passo mais. Todos são a mesma Revelação, desvanecendo-se aos poucos à medida que aumenta a distância da fonte.

11. *Os relatos precisam ser interpretados — daí a ciência da exegese.* Essa ciência, codificada já no século III com Orígenes, estrutura-se por meio de quatro passos de importância crescente: literal, ético, alegórico e anagógico. *Literal:* O que o texto diz explicitamente? Que Jesus foi crucificado, por exemplo. *Ético:* O que o texto diz que devemos ou não fazer? *Alegórico:* Quais são os significados que as parábolas de Jesus, por exemplo, transmitem? E, por fim, *anagógico:* Que inspiração podemos extrair do texto? Quero acrescentar uma palavra pessoal à última e mais importante dessas quatro perguntas que devemos fazer aos textos.

Joseph Campbell, um amigo de longa data, empenhou-se mais do que ninguém no século XX para contrapor a equação simplista do mito da nossa cultura secular à superstição — "o mito da superraça" é o exemplo do patriotismo fanático. Reinhold Niebuhr já havia observado que o "mito não é história, é mais verdadeiro que a história", e a minha alusão favorável a essa idéia num trabalho final de um seminário de graduação sobre positivismo lógico quase me levou a receber a única nota insuficiente de toda a minha vida acadêmica. O mito é "mais verdadeiro que a história", expli-

A ALMA DO CRISTIANISMO

cou Niebuhr, porque ele se refere à Transcendência, a qual não pode ser descrita em linguagem humana com precisão (como a próxima seção deste livro explicará em detalhes). Ela tem que ser circundada e abordada obliquamente:

Tell the truth but tell it slant,
Success in circuit lies;
Too bright for mind's infirm intent,
Is truth's sublime surmise.
Like lightning to the children eased,
Through revelation kind;
The truth must dazzle gradually,
Or every man be blind.

Emily Dickinson

(Diga a verdade, mas indiretamente,/O sucesso está no contorno;/ Fulgente demais para o intento débil da mente,/É a conjetura sublime da verdade./Como o raio para a criança despreocupada,/ Através de revelação suave;/A verdade deve deslumbrar aos poucos,/Ou todo homem se tornará cego.)

Voltando a Joseph Campbell; concordamos previamente em dividir o território da mitologia entre nós: ele defenderia o poder da mitologia e eu sua verdade. (Joe estava muito incomodado com sua educação católica irlandesa para ter condições de crer.) Mas vamos ao ponto focal desta lembrança. A série televisiva popular de Joe com Bill Moyers, *O Poder do Mito,* deu à sua geração um lema norteador: "Siga sua beatitude." Esse lema não é ruim, mas ao escrever este livro cheguei à conclusão de que "Siga sua aspiração ou inspiração" é melhor. A beatitude chega em muitas formas e tamanhos, e nem todas são nobres — a cocaína, por exemplo — ao passo que as palavras "inspirar" e "inspiração" nos elevam e

A Cosmovisão Cristã

elas mesmas são inspiradoras. A palavra "espírito" deriva de "respiração". Respirar é inalar espírito — os cristãos transformam isso no Espírito Santo — e aspirar é conduzir o espírito para reinos superiores. (Gregório de Nissa, um dos maiores Padres da igreja, é bem conhecido por sua idéia paradoxal — "alcançar à frente" é a tradução literal do seu grego — de que a perfeição consiste numa tentativa incessante de alcançar a perfeição.)

Para concluir esta meditação sobre o modo anagógico, ascendente, de interpretar e aprender a partir de um texto, posso dizer que embora eu normalmente goste de redigir, escrever sobre religião me dá um prazer ainda maior, porque a religião, no que ela tem de melhor (a parte em que me detenho), me inspira. Isso me faz escrever sobre ela prazerosamente; e mais, ela propicia o tipo de realização que Aristóteles chamava de *"florescente"* e transforma as minhas manhãs num tempo sagrado — por extensão, num tempo de oração.

12. Decorre do que precede que *a exegese que se detém no significado literal de um texto* — o mais baixo dos quatro degraus da escada — *não aprecia devidamente esse texto nem chega aos melhores resultados.* O cristianismo clássico sabia perfeitamente que o literalismo não podia realizar a tarefa completa, razão pela qual "Jesus lhes falava por parábolas". Paulo reagiu exacerbado à sua herança quando comparou a "letra que mata" da Antiga Aliança com o "Espírito que vivifica" da Nova Aliança, mas seu argumento subjacente de que o Espírito excede a letra está correto. Ao comentar a visão de Ezequiel, Orígenes escreveu: "Não imagino que os céus visíveis se abrissem ou que sua forma física se separasse"; e acrescentou: "Talvez o leitor inteligente do evangelho devesse fazer uma interpretação semelhante a respeito da visão do Salvador depois do seu batismo, mesmo que essa opinião possa desgostar os

A ALMA DO CRISTIANISMO

simplórios que, em sua ingenuidade extrema, movem o mundo e dividem a imensa e sólida massa de todo o céu." Um século mais tarde Santo Agostinho rejeitou a exegese truncada num breve tratado intitulado *O Significado Literal do Gênesis*. O século XX, porém, testemunhou o surgimento do fundamentalismo, e o literalismo que essa perspectiva adota tem gerado tanta confusão que se justifica uma digressão para mostrar seu equívoco.

Antes de prosseguir, é preciso fazer aqui uma advertência. As línguas estão ligadas às cosmovisões que as monitoram, e a mudança total da cosmovisão tradicional para a cientificista afetou profundamente a maneira como a nossa língua funciona. As limitações do literalismo foram percebidas cedo (como vimos), mas tradicionalmente os significados literais da escritura tinham uma amplitude maior de precisão e eficácia (isto é, alcançavam degraus mais altos na escada de significado) no passado do que atualmente: os fatos de uma virgem dar à luz e de um túmulo vazio podiam ser aceitos normalmente, sem nenhum questionamento. E na medida em que podemos fazer isso hoje, podemos nos dar por satisfeitos, pois isso demonstra que não caímos na armadilha da modernidade e fizemos do mundo cotidiano o referente primeiro da nossa linguagem. Mas não são muitas as pessoas que têm essa satisfação hoje em dia, e os parágrafos a seguir têm o objetivo de ajudá-las a enfrentar a dificuldade que encontram ao entender literalmente afirmações como as duas mencionadas — uma virgem dar à luz e um túmulo vazio.

A ciência mostra que existem três esferas dimensionais — o *micromundo* da mecânica quântica, onde a distância é medida em *picômetros;* o *macromundo* que habitamos, onde a distância é medida em centímetros, metros e quilômetros; e o *megamundo* dos astrônomos e da teoria da relatividade, onde a distância é medida em anos-luz. Nenhum dos dois mundos que estão ao lado do nosso

A Cosmovisão Cristã

pode ser descrito coerentemente na linguagem comum: tente fazer isso e você cairá nas contradições que atormentam os cartógrafos quando eles procuram retratar o nosso planeta tridimensional nas páginas bidimensionais dos livros de geografia — a Groenlândia sempre infla absurdamente. Entretanto, os cientistas podem descrever o micromundo e o megamundo coerentemente com sua linguagem técnica, que é a matemática e suas equações. Agora... Deus é pelo menos tão diferente do nosso mundo humano quanto o são o micromundo e o megamundo, porque ele inclui a ambos — lembre-se, o Infinito é aquilo do qual é impossível sair. Segue-se daí que se nos fixarmos nas afirmações literais da Bíblia, nos encontraremos num emaranhado de contradições análogas àquelas que os cientistas encontram quando tentam fazer descrições verbais de seus conteúdos. Podemos quase ouvir o desespero na voz de Robert Oppenheimer quando ele diz: "Se perguntamos se a posição do elétron muda com o tempo, temos de responder 'Não'; se perguntamos se a posição do elétron permanece a mesma, temos de dizer 'Não'; se perguntamos se o elétron está em repouso, temos de dizer 'Não'; se perguntamos se ele está em movimento, temos de dizer 'Não'." ("Se não é paradoxal, não é verdadeiro", diz Shunryu Suzuki.) E nós também somos levados ao desespero se ficamos com as contradições que as palavras reais da Bíblia nos apresentam, como mostra a seguinte compilação de passagens entremeadas:

> Tornamo-nos nós mesmos morrendo para nós mesmos. Só ganhamos o que damos, e se damos tudo, ganhamos tudo. Não podemos encontrar a nós mesmos dentro de nós mesmos, mas apenas nos outros; mas ao mesmo tempo, antes de ir ao encontro dos outros, precisamos encontrar a nós mesmos. Precisamos esquecer a nós mesmos para nos tornarmos realmente conscientes de quem somos. A melhor

A ALMA DO CRISTIANISMO

maneira de amar a nós mesmos é amar os outros; e todavia não podemos amar os outros se não amamos a nós mesmos, pois está escrito: "Amarás o teu próximo como a ti mesmo." Mas se amarmos a nós mesmos de modo errado, seremos incapazes de amar os outros. Na verdade, quando nos amamos de modo errado, nós nos odiamos, e se nos odiamos, é impossível não odiar os outros. No entanto, há um sentido em que devemos odiar os outros e abandoná-los para encontrar a Deus: Jesus disse: "Se alguém quer me seguir, e não odiar seu pai e sua mãe... sim, e sua própria vida, esse não pode ser meu discípulo."

E para que esse "encontro" de Deus aconteça, não podemos sequer procurá-lo se já não o tivermos encontrado, e não podemos encontrá-lo se ele não nos encontrou primeiro. Não podemos começar a procurá-lo sem um dom especial da sua graça e, no entanto, se esperarmos que a graça nos mova antes de começar a procurá-lo, provavelmente nunca começaremos.

Retomando o argumento, que tem a força de um silogismo: enquanto permanecemos no plano humano, a única maneira de lidar com esses paradoxos é ir ao encontro e abraçar os dois extremos das contradições. (Alguém disse que o riso é o ponto onde os opostos da vida se encontram.) Somente de um degrau mais alto da escada, aquele que nos possibilita uma visão mais ampla, podemos ver que essas contradições são de fato paradoxos — o que significa dizer, contradições *aparentes* que podem ser resolvidas numa visão multidimensional das coisas. Para citar um exemplo simples, se vemos uma locomotiva se afastando e depois de algum tempo voltando nos mesmos trilhos, mas agora em nossa direção, a situação (se deixada por isso mesmo) seria ilógica. Mas se subís-

50

A Cosmovisão Cristã

semos numa colina e víssemos que depois da curva há uma área de manobras, não haveria problema. Teologicamente, a situação é a mesma: só podemos resolver os paradoxos da nossa vida cotidiana desde um plano superior da realidade.

Mas o acesso a esse plano superior requer uma linguagem técnica comparável à linguagem técnica da ciência que, como vimos, é a matemática. A linguagem técnica da religião é o simbolismo, a ciência das relações entre os múltiplos níveis de realidade.

Mais especificamente, a linguagem técnica da religião é arte sacra em seu sentido inclusivo, o que abrange a música, a pintura (como os ícones), e também a poesia, os mitos, as metáforas, parábolas, figuras de linguagem e histórias. (Platão dá o nome de "opiniões prováveis" às histórias que dirigem nossa atenção para o alto; com isso ele quer dizer que toda importância está nas conotações não literais das palavras.) A prosa é útil como meio de troca que, como o dinheiro, normalmente nos serve bem, mas em tempos de crise procuramos pão, neste contexto o pão da vida, que nos transporta para um plano mais elevado de realidade.

Meus irmãos, como posso falar-vos da Essência quando não compreendeis nem mesmo histórias simples? Se apenas soubésseis como são imensas a doçura, a vastidão e a força quando se chega ao âmago de todas as histórias — lá onde as histórias começam e terminam; lá, onde a língua silencia e tudo é contado imediatamente. Como então se tornam maçantes todas as histórias longas e áridas das criaturas! De fato, elas se tornam tão tediosas como é tedioso para quem está acostumado a ver o raio ouvir histórias sobre raios.

São Nicolai Velimirovich

A ALMA DO CRISTIANISMO

Tudo isso nos leva a concluir que não é possível ler as Escrituras com a seriedade devida se ficamos restritos aos limites sufocantes do literalismo. Duas histórias deixam esse aspecto muito claro, e com elas termino o aspecto importante dessa digressão — importante porque ele desmente o literalismo causador de problemas — com essas histórias:

Tive certa vez a oportunidade de perguntar a Saul Bellow se um incidente narrado num de seus romances havia realmente acontecido. Na calada de uma noite fria e tempestuosa, na Cidade Ventosa de Chicago, um "amigo" do submundo, para demonstrar seu domínio sobre Bellow, levou-o até a extremidade do braço horizontal de um enorme guindaste, tirou três cédulas de cem dólares do bolso do casaco, fez delas aviõezinhos e lançou-as sobre os telhados de Chicago. Bellow descreveu o incidente de forma tão vívida que me fez acreditar que o fato havia acontecido realmente. Aconteceu? eu queria saber. "Algo parecido", foi tudo o que ele respondeu. Parece irreverente dizer que "algo parecido" com uma virgem gerar e um túmulo vazio aconteceu, mas precisamos lembrar que a alternativa para esse enunciado é ficar preso na armadilha do literalismo. Há uma história interessante sobre um estudioso do Novo Testamento que mal podia esperar para chegar ao céu com o objetivo de perguntar a São Paulo se ele havia escrito a Epístola aos Efésios, como supõe a maioria dos que estudam o Novo Testamento. Quando ele teve sua oportunidade, Paulo pensou por um momento, afagou a barba e disse: "Sim, acho que sim", que é mais ou menos como dizer, Quem se importa com isso?

Minha segunda história vem dos índios americanos. Um deles, esforçando-se para levar o homem branco a compreender a mentalidade indígena, descreveu uma cura realizada por um curandeiro. Havia um homem muito doente na tribo e o curandeiro foi chamado para tratá-lo. Um antropólogo que se encontrava nas redonde-

52

A Cosmovisão Cristã

zas ouviu falar do caso e correu para assistir à cerimônia. A cura foi rápida, e o antropólogo quis saber como ela havia acontecido. O curandeiro disse que seus sortilégios e gestos haviam livrado o paciente das formigas que infestavam todo seu corpo aos milhares, por dentro e por fora. Quando o antropólogo reagiu dizendo que não vira nenhuma formiga, o curandeiro ficou olhando espantado para ele durante algum tempo, como se tentasse imaginar o que poderia dizer para fazer esse estranho compreender. Acabou desistindo, e apenas exclamou: "Não formigas, *Formigas!*" e foi embora. Nos termos que estou empregando, o que ele disse foi: Não formigas comuns, mas Formigas metafísicas.

C. S. Lewis disse algo que pode servir como comentário útil sobre essas histórias. Segundo suas palavras, duas aparências nos separam da realidade: o espaço dentro do qual eu me vejo, e o "Eu" que vê o espaço. Mas no momento em que as vejo como meras aparências, elas se tornam condutoras. Uma mentira só é um engano se é aceita como tal. Veja este exemplo hipotético:

Digamos que eu tenha contratado um jardineiro e tenha ficado fora de casa o dia inteiro. Quando ele voltou no dia seguinte, e eu lhe perguntei quantas horas ele havia trabalhado, ele respondeu três, e eu lhe paguei de acordo com esse número de horas. Mas eu havia saído às dez horas da manhã, e minha esposa, que havia voltado para casa ao meio-dia, disse-me mais tarde que não vira nem sinal do homem. Ele havia mentido, mas como eu acreditara nele, eu não tomara sua afirmação como mentira; eu a aceitara como verdade. Só quando somei dois mais dois e reconheci que ele mentira foi que vi o que sua afirmação era realmente, uma mentira. Aplicando isso à história sobre as formigas, reconhecer que é uma inverdade (uma mentira) pensar que as formigas são de uma única espécie, formigas mundanas, é útil, pois implica que existe um nível superior de verdade em que as formigas assumem seu caráter verdadeiro, metafísico, como Formigas.

Lewis trata dessa questão numa discussão sobre a oração. Ele diz:

> "A verdadeira oração acontece quando eu lembro que o "mundo real" e o "eu real" estão muito longe de ser realidades inferiores. Eu não posso, na vida real, deixar o palco, seja para ir para os bastidores ou para sentar na platéia; mas posso lembrar que esses locais existem. E posso lembrar que o meu eu aparente — o palhaço, o herói ou o supranumerário — sob sua tinta oleosa é uma pessoa real com uma vida fora do palco. A pessoa dramática não poderia pisar no palco se não ocultasse uma pessoa real: se o "eu" real e desconhecido não existisse. Eu nem mesmo cometeria erros com relação ao eu imaginado. E na oração esse "eu" real luta para falar por si mesmo e para se dirigir não aos outros atores, mas como o chamarei? O Autor, pois ele nos inventou a todos? O Produtor, pois ele controla tudo? Ou a Platéia, pois Ele observa, e julgará, a apresentação?

Isso é sutil, mas profundo, e merece reflexão, por isso deixo que se deposite.

13. Continuando com as "costelas" da cosmovisão do cristianismo, *há dois modos distintos e complementares de conhecer, o racional e o intuitivo.* "A mente intuitiva é um dom sagrado e a mente racional é seu servo fiel", disse Einstein. A vida e a carreira de Blaise Pascal põem os dois modos em grande relevo. Quando ele afirmou, no que se tornaria o seu famoso aforismo, "O coração tem razões que a mente desconhece", a "mente" em que ele estava

A Cosmovisão Cristã

pensando era sua mente científica, por meio da qual ele adquiriu fama por sua teoria da probabilidade na matemática e por seu trabalho sobre hidrodinâmica na física; e "coração" era sua palavra para o órgão por meio do qual irrompeu a epifania que direcionou sua preocupação da ciência para a religião: "FOGO. Deus de Abraão... Isaac... Jacó. Não os filósofos e os letrados... Lágrimas de alegria... Meu Deus... Não permitas que eu me separe de ti jamais." Mas o fato de que ele nunca pretendeu rejeitar totalmente a filosofia e o conhecimento está amplamente evidenciado pelas dezoito *Lettres Provençales ("Cartas Provinciais")*, bastante racionais, em que ele examinou os problemas fundamentais da existência humana, e pelas entradas no seu caderno de notas, intitulado *Pensées* ("Pensamentos"), onde ele explicou detalhadamente sua convicção de que a verdadeira função da razão é alcançar a verdade ou o bem supremo.

Todas as tradições de sabedoria explicam isso claramente. No Ocidente, intelecto (*intellectus, gnosis, sapientia*) não é razão (*ratio*). Em sânscrito, *buddhi* não é *manas*. No islamismo *ma'rifah,* situada no coração, não é *aql,* localizada no cérebro. No hinduísmo, o conhecimento que realiza a união com Deus não é discursivo; ele tem a imediatidade da percepção direta, da visão. Na Grécia, *theoria* se referia ao tipo de conhecimento que a pessoa adquiria assistindo às grandes tragédias gregas. Nossa palavra "teatro", que deriva dela, está mais próxima do seu significado do que a nossa palavra "teoria", que degenerou de *theoria* de modo muito parecido como "crença" degenerou de *mais* do que conhecimento ("convicção e determinação de agir movido por ela") para algo *menos* do que conhecimento: "Ele acreditava que o mundo era plano" (exemplo do Oxford English Dictionary). Expresso poeticamente, nas palavras de Edna St. Vincent Millay: "The world stands out on either side / No wider than the heart is wide. / The soul can split the sky in two, / and let the light of God shine through." ("O mundo sobressai nos dois lados/Não mais largo do que a largura do coração./ A alma pode dividir o céu em dois,/e deixar a luz de Deus brilhar.") E misticamente, como na descrição de João Ruysbroeck do auge do trabalho do intelecto:

> No simples e abismal saborear de todo bem e da vida eterna somos tragados acima da razão e sem razão ficamos no silêncio profundo da Divindade que nunca é movida. Só podemos saber que isso é verdade por nosso próprio sentimento e por nada mais. Pois como isso é, ou onde, ou o quê, nem a razão nem a prática podem saber; e por isso nosso exercício seguinte sempre permanece sem direção, isto é, sem forma. Porque esse bem abismal que saboreamos e possuímos, a razão não consegue apreender nem compreender; nem podemos entrar nele por nós mesmos ou por meio dos nossos exercícios.

De volta ao mundo real: todos nós temos palpites; alguns se realizam, outros não. Palpites são formas rudimentares de conhecimento intuitivo. Toda descoberta científica começa com palpites. A razão e os experimentos devem entrar imediatamente para testar os palpites, e aqui também encontramos a verdade subjacente desta seção: que no pensamento humano, razão e intuição devem trabalhar juntas.

14. Nozes têm cascas que abrigam sementes; *do mesmo modo, as religiões têm lados internos e externos*: elas possuem *formas exotéricas, externas, que abrigam núcleos esotéricos, internos*. As pessoas se diferenciam com base em qual dessas formas se apresenta

A Cosmovisão Cristã

para elas com maior clareza. Para os esotéricos, o foco é Deus, ao passo que para os exotéricos, o foco é o seu mundo criado, e Deus precisa ser inferido a partir dele. Assim, para os exotéricos este mundo é concreto e o mundo celestial é abstrato, enquanto que para os esotéricos é o contrário. Certa vez ouvi um eminente filósofo da religião dizer que quando alguém lhe pedia provas da existência de Deus, ele não sabia como responder, porque a existência de Deus lhe parecia mais evidente do que qualquer coisa *a partir* da qual ele pudesse prová-la.

Para detalhar um pouco mais essa diferença, será útil lembrar o sexto ponto deste esboço da cosmovisão cristã que estamos traçando. Para os esotéricos, somente Deus no topo da pirâmide de virtudes é totalmente real, e porque ele não ocupa espaço, ele não tem forma. Os esotéricos se sentem à vontade com isso, mas a mente exotérica precisa de formas — diagramas, palavras, proposições — para poder raciocinar. C. S. Lewis é um bom exemplo de um cristão exotérico. Ele diz que quando era criança seus pais se empenharam em ensiná-lo a não atribuir nenhuma forma a Deus, porque Deus é ilimitado e está além de todas as formas. Lewis diz que fez todo o possível para imaginar um Deus sem forma, mas o mais próximo a que conseguiu chegar foi um mar infinito de tapioca cinzenta. Exatamente! Segue-se que os exotéricos precisam pensar em Deus em termos pessoais, enquanto os esotéricos (embora às vezes revestindo Deus com atributos humanos) percebem o perigo do antropomorfismo — tornar Deus humano demais — e por isso complementam o seu Deus "pessoal" com o que os pais de Lewis estavam conseguindo. Nós queremos que Deus seja igual e diferente de nós — igual a nós para que possamos nos ligar a ele, e diferente de nós porque não podemos adorar quem é igual a nós. Iminência absoluta e transcendência absoluta em tensão absoluta é o que dá tônus máximo à nossa vida espiritual.

A ALMA DO CRISTIANISMO

No seu magistral clássico *Os Nomes Divinos,* Dionísio, o Areopagita, distendeu o pólo transcendental até onde as palavras podem nos levar:

Guia-nos até as alturas mais elevadas do conhecimento místico ["místico" é um sinônimo aceitável para "esotérico"] que ultrapassa a luz e mais do que ultrapassa o conhecimento, onde os mistérios imutáveis simples e absolutos da Verdade celestial estão ocultos na obscuridade deslumbrante do Silêncio secreto, excedendo em brilho todo resplendor com a intensidade de sua escuridão, e sobrecarregando nosso intelecto ofuscado com a beleza absolutamente impalpável e invisível de glórias que excedem toda formosura.

Mas quase toda passagem desse transporte místico em *Os Nomes Divinos* é seguida de um versículo da bíblia que, como a linha de uma pipa, prende-a a coisas que podemos entender facilmente.

Mais uma diferença entre esotéricos e exotéricos deve ser mencionada. Os esotéricos podem compreender os exotéricos e reconhecem a necessidade que têm deles, mas o inverso não se aplica. Meister Eckhart teve dificuldades com a hierarquia da Igreja porque escreveu: "Eu rezo a Deus [o Deus acima de todas as distinções] para que ele possa me livrar do 'Deus' [pessoal], ornado com múltiplas virtudes que são extensões das humanas." Embora insistisse até o fim que esse pensamento era ortodoxo, ele admitia que talvez pudesse ter sido imprudente ao afirmar algumas coisas de modo a desagradar pessoas que não as compreendiam. Ele fez correções, acrescentando às suas afirmações controversas estas palavras: "Se alguém não encontrar essas verdades em si mesmo, não se preocupe." Ele entendia perfeitamente que a lente mais aberta dos esotéricos não necessariamente faz deles pessoas melhores. E ela também não elimina a necessidade que a Igreja tem dos exotéricos. Em todos os períodos da história, os exotéricos são sempre em número muito maior do que os esotéricos, e as instituições religiosas dependem principalmente da energia que eles fornecem. Em resumo, não havendo casca, não há semente.

15. *Fora do raio da Revelação, vivemos na escuridão.* É uma escuridão numinosa que fascina, porque sabemos que Deus a vê como luz. Ele sabe como as coisas são, mas nós tateamos o caminho. Uma vida e um mundo tão confusos, divididos em contradições e opiniões conflitantes que nos deixam sem saber o que pensar! Às vezes temos vislumbres do que possa ser, e nessas ocasiões vemos uma espécie de meia-luz em volta dos contornos da nossa escuridão, mas para o conhecimento a escuridão permanece. Nascemos na ignorância, vivemos na ignorância e morremos na ignorância. Como disse João Ruysbroeck: "A nossa razão está aqui com olhos abertos na escuridão, em ignorância abismal. E nessa escuridão o esplendor abismal permanece coberto e oculto a nós, porque a sua avassaladora insondabilidade cega a nossa razão."

Em relação a Deus somos menos do que uma simples proteína numa só célula de um dedo humano. Embora viva, essa proteína não pode conhecer a célula em que vive. Como ela poderia então conceber a pele, as articulações ou as juntas articuladoras do dedo, a complexidade dos ligamentos, nervos e músculos, os processos bioquímicos eletrônicos desse dedo do qual ela é parte insignificante?

E mesmo se pudesse, mesmo se essa simples proteína pudesse dar esse salto impossível, ela nunca conceberia o todo da mão da qual faz parte, o dedilhado para uma corda de violão, o punho apertado de raiva, o toque delicado necessário para realizar uma cirurgia do coração. É somente uma simples proteína, um aminoácido básico.

Tanto mais infinitamente menores somos nós, literalmente, nessa massa do universo, e além dele o Infinito. Nascemos no mistério, vivemos no mistério e morremos no mistério. Não é um mistério inerte que se embaraça no entorpecimento. O mistério religioso convida; ele resplandece, seduz e excita, impelindo-nos a penetrar cada vez mais profundamente em sua escuridão deslumbrante. Era esse mistério que Timóteo tinha em mente quando disse a uma de suas igrejas: "Seguramente, grande é o mistério da nossa piedade." E é por isso que no fim a oração colide com "A Nuvem do Não-Saber", uma frase que dá título a um texto do século XIV pelo qual os místicos têm verdadeira adoração. Livros de oração acumulam negação sobre negação — invisível, incognoscível, inefável, incompreensível, inconcebível — enquanto seus compiladores ficam emudecidos na presença do Deus Infinito.

Mas voltemos com dois exemplos de primeira mão ao caráter luminoso da escuridão de que estivemos falando:

Certa ocasião em que minha mulher e eu visitávamos um casal de amigos, eles nos mostraram um objeto que conservavam sobre a mesa da cozinha. Ao se pressionar um botão desse objeto, ele exibia um mistura de cores que mudavam como um caleidoscópio. Uma de nossas filhas estava conosco, e exclamou encantada: "Eu adoro isso e não compreendo nada, e é por isso que acredito em Deus."

Pessoalmente, passei por algo parecido anos atrás quando vi Edward R. Murrow entrevistar Robert Oppenheimer. Depois de fazer suas perguntas sobre Los Alamos e sobre o comando da equipe que montou a bomba atômica, Murrow perguntou em que Oppenheimer estava trabalhando naquele momento e que realmente o estimulava. Oppenheimer pulou da cadeira, foi ao quadro-

A Cosmovisão Cristã

negro e começou a enchê-lo com rabiscos ilegíveis que imaginei serem equações. Falando apaixonadamente enquanto escrevia, em menos de um minuto eu não conseguia mais acompanhar o que ele dizia e só continuava olhando, grudado na tela do televisor como nunca havia feito antes, porque eu estava diante dos mistérios das fronteiras da ciência.

Nas páginas anteriores, apresentei a cosmovisão cristã em quinze partes. Condensadas num único parágrafo constituído de orações temáticas, essa cosmovisão seria assim:

O mundo está objetivamente ali e é inteligível. É infinito e inclui o finito com os seus graus plenos de valor, ordenados hierarquicamente. À medida que as virtudes sobem na hierarquia, elas se misturam umas com as outras até que as diferenças desapareçam no Indiviso. O mal se manifesta na finitude, mas não no Absoluto, e como o Absoluto é todopoderoso, no final reina a perfeição absoluta. Os seres humanos se encontram com os graus de realidade, mas neles esses graus aparecem invertidos, como se fossem vistos na superfície de um lago de vidro. Não podemos compreender a plenitude da Realidade por nós mesmos, mas seus traços gerais são revelados a nós. A chave para abrir as verdades da Revelação é o simbolismo. O saber é racional e também intuitivo, concreto e abstrato. Depois de termos feito todo o possível para compreender o mundo, ele continua misterioso, mas através dos véus de mistério, podemos discernir vagamente que ele é perfeito.

E agora a mesma cosmovisão cristã condensada ainda mais numa única frase: o mundo é perfeito, e a oportunidade humana é perceber isso e se adaptar a esse fato.

A ALMA DO CRISTIANISMO

Se isso não parece claramente cristão, o motivo é que não é mesmo. Essa é a cosmovisão de todas as religiões autênticas, o que significa dizer, *reveladas*.

Durante os quinze anos em que ensinei no Massachusetts Institute of Technology, um dos meus colegas foi Noam Chomsky. Noam é mais conhecido pelo público por sua inarredável vigilância sobre inverdades na mídia, mas sua profissão é a lingüística, cujo campo ele revolucionou com a descoberta da gramática universal que está programada no cérebro humano e à qual todas as línguas faladas — inglês, chinês, swahili, a que você quiser — se adaptam. A primeira parte deste livro faz a mesma coisa com as religiões: ela esboça a gramática universal da religião a que (nos seus vários idiomas) todas as religiões se ajustam.

Concluída esta primeira parte, quero dirigir uma palavra ao leitor. Se você não estudou filosofia, essa parte pode ter parecido densa e às vezes além de sua capacidade de compreensão, mas tenha coragem. Quando começar a Parte Dois, creio que você descobrirá que a Parte Um estabeleceu os pontos fixos sobre os quais a história cristã está estendida como uma tela num cavalete.

Restam dois pontos a considerar antes de iniciar a Parte Dois.

Primeiro, o cristianismo começou com a controvérsia sobre Jesus ser ou não o messias, mas os cristãos respeitam sua herança. Certa vez ouvi um decano da Harvard Divinity School — um especialista em Novo Testamento — dizer que o melhor cumprimento que se pode fazer a um cristão é dizer que ele é um judeu honorário. Ao ouvir isso, redobrei a atenção porque quando deixei a Washington University alguns anos antes, a organização estudantil judaica, Hillel, me tornou um judeu honorário presenteando-me com um pregador de lapela do Hillel, num jantar de despedida oferecido em minha homenagem. Entretanto, ao mesmo tempo, os

62

A Cosmovisão Cristã

cristãos acreditam que o seu rompimento com o judaísmo se justificou — foi providencial, na verdade. Por quê?

Respondendo ao convite de Deus, os judeus se elevaram a um nível espiritual muito melhor do que o dos seus vizinhos. No entanto, era a religião deles; etnicamente baseados na linhagem, na linguagem e na história, ela não era para outras pessoas. Até os dias de hoje os judeus aceitam convertidos, mas não os procuram.

Assim, é como se Deus pensasse: *A conquista dos judeus é muito importante para ser guardada só para eles. É preciso quebrar sua casca e torná-la disponível ao mundo todo. Providenciarei para que isso seja feito.* O caso se assemelha exatamente à ruptura do budismo com o hinduísmo. O budismo e o cristianismo são religiões do mundo, enquanto o hinduísmo e o judaísmo são religiões étnicas.

O segundo ponto de transição é o seguinte: o cristianismo entrou na história por meio da revelação de Deus em Cristo, mas ele não fica nisso. Ele continua através do Novo Testamento, dos Padres da igreja, dos grandes teólogos e santos; e, de fato, ele é interminável.

A história cristã que este livro narra, entretanto, trata apenas do primeiro milênio, durante o qual (com a inexpressiva exceção de uma ou outra pequena resistência) o cristianismo esteve institucionalmente unido e suas crenças foram definidas por concílios ecumênicos. A história essencial merece, portanto, ser considerada cristianismo clássico, ou a Grande Tradição. Revelações subseqüentes são efetivamente "midraxes cristãos", comentários que interpretam a "Torá Cristã" mas não a modificam.

Parte Dois

A HISTÓRIA CRISTÃ

As pessoas contam histórias para si mesmas e depois mergulham sua vida nas histórias que contam.

Anônimo

A mensagem de Jesus radica-se na metafísica da paz, não na metafísica da violência com que Nietzsche a confundiu. A verdade dessa metafísica não pode ser provada, mas apenas inspirada pela beleza da vida comunitária daqueles que se entregam a ela.

Resumido de David Bentley Hart,
The Beauty of the Infinite

Entre as grandes religiões, o cristianismo é a mais difundida e a que conta com o maior número de seguidores. As estatísticas sobre religiões são sabidamente duvidosas, mas segundo os dados atuais, uma em cada três pessoas é cristã, levando esse número para perto de dois bilhões.

Dois mil anos de história produziram uma diversidade considerável nessa religião. Da majestosa missa solene pontifical na catedral de São Pedro à tranqüila simplicidade de uma reunião quaker; da sofisticação intelectual de Santo Tomás de Aquino à simplicidade emocionante de *spirituals* como "Senhor, eu quero ser cristão"; da catedral de São Paulo em Londres, sede da Igreja Anglicana, até Madre Teresa nas favelas de Calcutá — tudo isso é cristianismo. Baseados nesse complexo deslumbrante e, às vezes, desconcertante, é nossa tarefa descrever a Grande Tradição do Cristianismo, o que vale dizer, seu primeiro milênio, antes da divisão em Igreja Ortodoxa Oriental e Católica Romana. A isso serão acrescentadas, na Parte Três, seções sobre as três principais divisões do cristianismo pós-Reforma: catolicismo romano, ortodoxia oriental e protestantismo.

O JESUS HISTÓRICO

O cristianismo é basicamente uma religião histórica. Ou seja, não se baseia em princípios abstratos mas em acontecimentos concretos, em eventos históricos reais. O mais importante deles é a vida de um carpinteiro judeu que, como muitas vezes se afirma, nasceu num estábulo, foi executado como criminoso aos 33 anos de idade, nunca se afastou mais de 150 quilômetros de sua cidade natal, não possuiu nada, não freqüentou a escola, não comandou exércitos e, em vez de produzir livros, escreveu uma única vez na areia. Não obstante, seu nascimento é celebrado no mundo inteiro e o

A História Cristã

dia de sua morte projeta a imagem do patíbulo sobre o horizonte. Quem foi esse homem?

Os detalhes biográficos da vida de Jesus são escassos. Ele nasceu na Palestina durante o reinado de Herodes, o Grande, talvez em torno de 4 a.C. (o calendário cristão inclui um erro de alguns anos). Ele cresceu em Nazaré ou nas proximidades, supostamente como outros judeus da época. Nada sabemos a respeito dos seus "anos ocultos" entre os 12 e os 30 anos de idade. Os relatos recomeçam com seu batismo, realizado por João, um profeta que inflamava a região com a proclamação da vinda próxima do julgamento de Deus. Aos 30 anos, Jesus iniciou sua missão de pregador e operador de milagres, uma missão que durou de um a três anos e se concentrou principalmente na Galiléia. Com o tempo, ele atraiu sobre si a hostilidade de alguns compatriotas e a suspeita de Roma, o que levou à sua crucificação nos arredores de Jerusalém.

A partir desses fatos que compõem a estrutura da vida de Jesus voltamo-nos para a vida que ele viveu nessa estrutura. O mínimo que se pode dizer é que Jesus foi um operador de milagres carismático inserido numa tradição que remontava aos primórdios da história hebraica. Os profetas e videntes que constituíam essa tradição apresentavam-se como mediadores entre o mundo do dia-a-dia, por um lado, e um mundo do Espírito que o envolvia, por outro. Desse mundo do Espírito, eles extraíam um poder que aplicavam tanto para ajudar as pessoas quanto para questionar seu modo de agir. Expandiremos essa caracterização mínima abordando sucessivamente (a) o mundo do Espírito ao qual Jesus estava excepcionalmente ligado e que impulsionava o seu ministério; (b) a aplicação dos poderes emanados do Espírito sobre ele para aliviar o sofrimento humano; e (c) a nova ordem social que ele se sentia incumbido de instaurar.

A ALMA DO CRISTIANISMO

"O Espírito do Senhor Está sobre Mim"

Segundo Lucas, Jesus iniciou seu ministério citando essa afirmação de Isaías e acrescentando: "Hoje se cumpriu aos vossos ouvidos essa passagem da Escritura." Devemos prestar atenção a esse Espírito que Jesus vivenciou como fonte de poder, pois se não o fizermos não conseguiremos compreender sua vida e sua obra.

No livro sobre religião que se revelou um dos mais sólidos do século XX, *The Varieties of Religious Experience,* William James afirma que "em seus termos mais amplos, a religião diz que existe uma ordem invisível e que nosso bem supremo está nas relações corretas com ela". O judaísmo é a história de um diálogo incessante e exigente de um povo escolhido com a ordem invisível enfatizada por William James. Os judeus chamavam essa ordem de "Espírito" (de alento, como em aspirar), que nos versículos de abertura da Torá age sobre as águas primordiais para criar o mundo. Sentindo-a intensamente viva, eles a povoaram de anjos e arcanjos e também de demônios. Seu centro, porém, era Yahweh, a quem imaginavam como uma pessoa: pastor, rei, senhor, pai (e, mais raramente, mãe) e bem-amado. Embora o espírito fosse tipicamente representado como pairando acima da terra — são comuns imagens de escadas levando ao céu — essa forma de expressão tinha como único objetivo enfatizar o seu caráter distinto e de superioridade com relação ao mundo terreno. Os dois não estavam espacialmente separados e mantinham uma interação contínua. Deus caminhava no Jardim do Éden e "toda a terra está repleta de sua glória".

Além de não estar espacialmente distante, o Espírito podia ser conhecido, apesar de ser invisível. Freqüentemente ele tomava a iniciativa e se anunciava. Ele se manifestou de modo mais esplendoroso a Moisés no monte Sinai, mas também falou em sussurros a

A História Cristã

Elias, com o rugido do leão a outros profetas e por meio de acontecimentos dramáticos como o Êxodo. Ao mesmo tempo, os seres humanos também podiam tomar a iniciativa de entrar em contato com ele. O jejum e a solidão eram meios para alcançar esse objetivo, e os judeus que se sentiam chamados afastavam-se periodicamente das distrações do mundo para comungar com o divino vivendo essas práticas. Não seria exagerado imaginá-los imbuindo-se do Espírito durante essas vigílias, pois quando voltavam ao mundo, em geral davam provas de ter absorvido de modo quase palpável o Espírito e seu poder.

O fato de Jesus inserir-se na tradição judaica de mediadores imbuídos do Espírito é da maior importância para compreendermos sua carreira histórica. Seu predecessor imediato nessa tradição foi João Batista. Uma prova do poder espiritual de João é que foi a iniciação batismal de Jesus, por ele realizada, que abriu o terceiro olho ou olho espiritual de Jesus, através do qual ele viu os céus se abrirem e o Espírito descer sobre ele como uma pomba. Depois de descer sobre ele, o Espírito "conduziu" Jesus para o deserto, onde ele, durante quarenta dias de orações e jejum, consolidou o Espírito que entrara nele e resistiu resolutamente às tentações de Satanás de usar os poderes que acabara de receber em benefício próprio.

"Pelo Espírito de Deus Eu Expulso Demônios"

A ciência superou o "erro moderno" de descartar as realidades invisíveis, pois os físicos agora sabem que a energia presente num centímetro cúbico de espaço vazio é maior do que a energia de toda a matéria existente no universo conhecido. Não é exagero ver essa relação aproximando-se da relação do poder do espírito sobre

A ALMA DO CRISTIANISMO

nós, e as personagens bíblicas imbuídas do Espírito absorviam esse poder. Dizer que elas eram carismáticas é dizer que tinham o poder de atrair a atenção das pessoas — como dizemos hoje, elas "tinham alguma coisa mais". Esse *algo mais* era a infusão do Espírito. A Bíblia mostra seguidamente esses personagens "plenos do poder do Espírito", um poder que às vezes lhes permitia influenciar até fenômenos da natureza. Eles curavam doenças, expulsavam demônios e, por vezes, aquietavam tempestades, dividiam águas e faziam os mortos voltar à vida. Os Evangelhos atribuem esses poderes a Jesus vezes sem conta. Praticamente a cada página eles descrevem pessoas acorrendo para ele, atraídas por sua reputação de operador de milagres. "... trouxeram-lhe a Jesus todos os que estavam enfermos e endemoninhados. E a cidade inteira aglomerou-se à porta." A mentalidade moderna não consegue entender essas afirmações, mas como a Introdução a este livro assinalou, esse modo de pensar está desaparecendo. A medicina psicossomática e os fenômenos paranormais que vão desde os poderes da oração, passando pela telepatia e pela clarividência, até a psicocinese — uma área obscura, sem dúvida, mas onde *alguma coisa* indiscutível acontece — ultrapassaram as fronteiras entre o natural e o sobrenatural. De qualquer modo, em termos históricos é praticamente irrefutável que Jesus foi um agente de cura e um exorcista.

Ele poderia ter sido tudo isso — na verdade, ele poderia ter sido a figura mais extraordinária na corrente de agentes de cura carismáticos judeus — sem atrair mais do que atenção local. O fator que o fez sobreviver à sua época e lugar foi a maneira como ele utilizou o Espírito que o imbuía para curar não só algumas pessoas, mas para curar a humanidade, começando com seu próprio povo.

A História Cristã

"Venha o Teu Reino à Terra"

Politicamente, a situação dos judeus na época de Jesus era de-sesperadora. Eles estavam sob o domínio tirânico de Roma havia quase um século e, além de não terem liberdade, eram obrigados a pagar impostos exorbitantes. Quatro eram as respostas para todo esse sofrimento, dependendo se o indivíduo era saduceu, essênio, fariseu ou zelote.

Os *saduceus*, tendo condições relativamente boas de vida, pre-feriam ver o lado bom de uma situação ruim e se acomodavam à cultura helenista e à dominação romana.

Os outros três grupos esperavam uma mudança. Eles reconhe-ciam que a mudança teria de ser realizada por Yahweh e que os judeus deviam fazer alguma coisa para impulsionar a intervenção divina.

Dos três movimentos, dois eram de renovação. Os *essênios* con-sideravam o mundo demasiado corrompido para que o judaísmo pudesse se renovar dentro dele e por isso se retiraram do mundo. Isolados em suas comunidades, onde tudo era dividido entre to-dos, eles se dedicavam a uma vida de piedade e disciplina. Os *fariseus,* por outro lado, permaneceram na sociedade e se empe-nharam em revitalizar o judaísmo aderindo estritamente à Lei Mosaica, especialmente a seu código de santidade.

Os representantes do quarto grupo são conhecidos como *zelotes,* mas é duvidoso que estivessem tão bem organizados a ponto de merecer um nome. Sem esperanças de que a mudança necessária pudesse ocorrer sem o uso da força armada, eles praticavam atos esporádicos de resistência que culminaram na catastrófica revolta de 66-70 d.C. e cuja conseqüência foi a segunda destruição do Templo de Jerusalém.

A ALMA DO CRISTIANISMO

Jesus introduziu uma quinta opção nesse caldeirão político. Ao contrário dos saduceus, ele queria mudança. Ao contrário dos essênios, permaneceu no mundo. Ao contrário dos defensores da revolta armada, ele exaltava os pacifistas e insistia em que mesmo os inimigos deviam ser amados. Foi dos fariseus que Jesus esteve mais próximo, pois a diferença entre eles era apenas de ênfase. Os fariseus destacavam a santidade de Yahweh, enquanto Jesus ressaltava a compaixão de Yahweh; mas os fariseus seriam os primeiros a insistir que Yahweh era também compassivo e Jesus, o primeiro a insistir que Yahweh era também santo. Superficialmente, a diferença parece pequena, mas na verdade mostrou-se grande demais para caber numa única religião. Por quê?

Convictos da santidade majestosa de Yahweh, os fariseus sustentavam a versão aceita da autocompreensão judaica. Sendo santo, Yahweh queria também santificar o mundo e, para alcançar esse objetivo, escolheu os judeus para construírem por ele, por assim dizer, uma cabeça-de-ponte de santidade na história humana. No monte Sinai ele havia prescrito um código de santidade, cuja observância fiel faria dos hebreus "uma nação de sacerdotes". As palavras de Yahweh para eles: "Sereis santos, assim como Eu, o Senhor vosso Deus, sou santo", tornaram-se a divisa dos fariseus. Os judeus acreditavam que era a displicência na observância do código de santidade que os havia reduzido ao estado de degradação, o qual só seria revertido com uma volta sincera à lei de Yahweh.

Jesus aceitava grande parte dessas idéias, mas havia um aspecto importante no programa de santidade que ele achava inaceitável: as linhas que traçava entre as pessoas. Começando por classificar atos e coisas como puros ou impuros (os alimentos e seu preparo, por exemplo), o código de santidade depois classificou as pessoas segundo elas respeitassem ou não essas distinções. O resultado foi uma estrutura social separada por barreiras: entre pes-

A História Cristã

soas que eram puras ou impuras, imaculadas ou indignas, sagradas ou profanas, judeus ou gentios, justos ou pecadores. Jesus estava dolorosamente consciente de que neste mundo imperfeito mesmo a melhor das sociedades tem rachaduras por onde as pessoas caem para se tornar a escória da terra, os perdidos, os rejeitados, os proscritos, os marginalizados, os esquecidos, os derrotados, os abandonados. As barreiras sociais aumentam essas fendas e, por isso, são uma afronta ao Deus que estende seu manto sobre todos os seus filhos. Assim, Jesus conversava com coletores de impostos, jantava com proscritos e pecadores, falava com prostitutas e, quando movido de compaixão, curava no dia de sábado. Isso fez dele um profeta social, desafiando os limites da ordem existente e defendendo uma visão alternativa da comunidade humana.

Jesus era profundamente judeu. Ao mesmo tempo, porém, ele vivia em aguda tensão com o judaísmo.

De passagem, podemos considerar essa tensão como um aspecto importante de sua natureza judia, pois nenhuma religião estimulou a crítica interna em tão alto grau quanto o judaísmo. A palestra mais memorável sobre judaísmo a que assisti foi feita por um rabino. O meu interesse em comparecer fora despertado por seu título improvável: "O Que Aconteceu com a Controvérsia Judaica?" A palestra foi proferida nos meados do século XX, e expressava a apreensão do rabino de que a formação do Estado de Israel havia levado os judeus a cerrar fileiras em apoio a esse Estado a ponto de tentarem disfarçar as diferenças quando, na visão dele, a diversidade é que mantivera o judaísmo vibrante.

Concluindo este ponto, interrompido pela digressão acima, Jesus entendia que o código de santidade e suas distinções tinham sido necessários para elevar os judeus a um nível de pureza superior aos dos povos vizinhos, tornando-os, com efeito, um povo escolhido. Mas o seu próprio encontro com Deus o levou a con-

A ALMA DO CRISTIANISMO

cluir que o sistema de pureza, como era praticado na sua época, criara divisões sociais incompatíveis com o amor imparcial de Deus por todos. Isso o colocou em desavença com líderes religiosos, mas o seu protesto não teve êxito. No entanto, atraiu atenção suficiente a ponto de alarmar as autoridades romanas, fato que, como veremos, levou à sua prisão e execução sob acusações de traição.

Daí em diante o futuro do "povo de Jesus" cobriu o mundo inteiro. Com o passar do tempo, os cristãos (que receberam esse nome em Antioquia) entenderiam esse avanço de modo positivo. Como foi observado na conclusão da Parte Um, aos olhos dos cristãos, a revelação de Deus aos judeus era importante demais para ficar limitada a um único grupo étnico. A missão de Jesus e de seus discípulos era romper a concha de judaísmo que envolvia a revelação, libertando-a para um mundo pronto e à espera. Apresentar a questão desse modo não elimina a necessidade de uma presença judaica contínua. Até que o mundo seja redimido, sempre haverá a necessidade do testemunho de uma nação de sacerdotes.

O CRISTO DA FÉ

Como passamos da vida de Jesus para o Cristo, cujos seguidores acreditavam ser Deus em forma humana? Seus discípulos não chegaram a essa conclusão antes da morte de Jesus, mas mesmo durante sua vida podemos ver que um impulso se formava nessa direção. Depois de descrever os principais fatos da vida de Jesus, voltamo-nos agora para o modo como os seus discípulos o viam. Os subtítulos da seção precedente, "O Jesus Histórico", foram elaborados com palavras do próprio Jesus; daqui em diante eles são descrições que seus discípulos faziam dele.

A História Cristã

O terreno aqui é mais firme, porque se os Evangelhos revelam pouco em termos de fatos históricos, eles são transparentes no que se refere ao impacto de Jesus sobre seus seguidores. Esse impacto tem origem no que ele fez, no que disse e em quem ele era. Vamos refletir sobre os três sucessivamente.

"Ele Andou Por Toda Parte Fazendo o Bem"

Os Evangelhos vibram extasiados diante das ações de Jesus. Suas páginas, especialmente as de Marcos, estão repletas de milagres. Vimos que esses milagres impressionavam as multidões, mas seria equivocado destacar esse aspecto. O próprio Jesus não propalava seus milagres. Ele nunca os usou como instrumentos para forçar as pessoas a acreditar nele. Satã tentou Jesus a fazer isso, mas vimos que durante os quarenta dias de recolhimento no deserto, ele resistiu a essa tentação. Quase todos os seus atos extraordinários foram realizados discretamente, longe das multidões e como demonstração do poder da fé. Além disso, outros escritos da época contêm muitas descrições de milagres, mas não levaram suas testemunhas a divinizar quem os fazia. Eles apenas atribuíam aos operadores de milagres um poder incomum — *siddhi,* como diriam os indianos.

Teremos uma perspectiva melhor sobre as ações de Jesus se colocarmos a ênfase num aspecto destacado por um de seus discípulos. Certa ocasião, falando a um grupo, Pedro achou necessário sintetizar numa frase o que Jesus fizera durante sua vida. Pedro assim se expressou: "Ele andou por toda parte fazendo o bem" — um epitáfio simples mas comovente. Circulando à vontade e sem afetação entre pessoas comuns e desajustados sociais, curando-os, aconselhando-os, ajudando-os a sair dos abismos do desespero,

Jesus andava por todos os lugares fazendo o bem. As pessoas não gostam de ser interrompidas, mas era impossível interromper Jesus porque ele simplesmente abordava as questões prementes do momento. E o fazia com tanta convicção e coerência que aqueles que o seguiam de perto passaram a vê-lo com novos olhos. Começaram a pensar que se a bondade divina se manifestasse em forma humana, seria assim que ela agiria.

O tema desta seção é "fazendo o bem", e vale a pena aprofundá-lo um pouco mais. Há muitas maneiras de fazer o bem. Algumas delas acabaram de ser mencionadas, mas uma pequena lista pode completar o quadro. A cura de dores físicas já foi abordada. Outro ato de bondade importante é ajudar as pessoas a compreender como devem viver. Em meados do século XX, um dos psiquiatras mais conhecidos era William Sheldon, da Columbia University's College of Physicians and Surgeons. Fazendo uma retrospectiva de sua carreira, ele disse que "uma observação contínua na prática clínica leva quase inevitavelmente à conclusão de que mais profundo e fundamental do que a sexualidade, mais profundo do que a ânsia de poder social, mais profundo do que o desejo de posses, é um anseio ainda mais geral e universal na constituição humana: o anseio de conhecer a direção certa — o anseio de orientação", Jesus dava às pessoas esse conhecimento. (Trataremos disso mais extensamente na próxima seção.)

Uma terceira forma como Jesus "fazia o bem" envolvia a necessidade das pessoas de companheirismo. Companheirismo é diferente de companhia. Numa festa alguém pode se sentir isolado mesmo ao lado de pessoas que fazem contato e conversam sobre coisas triviais — uma situação que David Riesman celebrizou com o título do seu livro *The Lonely Crowd*. A essência do companheirismo é o vínculo — duas ou mais pessoas se sentindo unidas umas às outras com afeto e estima. Parece que a simples presença

A História Cristã

de Jesus fazia as pessoas se sentirem ligadas a ele. Podemos imaginar os discípulos de Sócrates, cuja razão de viver eram os momentos que podiam estar com o mestre. Também vem à mente a frase "dar as boas-vindas", atribuída a Buda: qualquer que fosse a aparência ou as circunstâncias das pessoas que procuravam Buda, ele lhes dava as boas-vindas — isto é, as aceitava.

"Jamais um Homem Falou Assim"

Não foram apenas as ações de Jesus, porém, que fizeram seus contemporâneos exaltá-lo. Foi também o que ele disse.

Ainda existe muita controvérsia sobre a originalidade dos ensinamentos de Jesus. A conclusão responsável é que individualmente eles podem ser encontrados na Torá ou em seus comentários. Mas caso os tome como um todo, eles têm uma urgência, uma qualidade ardente e vívida, um abandono e, acima de tudo, uma ausência total de material de segunda classe, o que os torna sempre novos e renovados.

Sem levar em conta o seu conteúdo, a linguagem de Jesus se revelou um estudo fascinante em si mesmo, lembrando-nos de que, como reza o princípio, o meio faz parte da mensagem. Se a simplicidade, a concentração, a eloqüência arrebatadora e o sentimento do que é vital são as marcas da grande mensagem e literatura religiosa, só essas qualidades já tornariam as palavras de Jesus imortais. Mas isso é apenas o começo. Suas palavras levam em si uma extravagância da qual simples homens sábios, voltados para a importância do julgamento equilibrado, são incapazes. A qualidade apaixonada da linguagem de Jesus levou um estudioso do Novo Testamento a cunhar uma palavra para defini-la: "gigantesca". Se a tua mão te escandaliza, diz Jesus, corta-a fora. Se o teu olho te

A ALMA DO CRISTIANISMO

escandaliza, arranca-o fora. Jesus fala de camelos passando pelo buraco da agulha. Os personagens de Jesus andam com uma trave nos olhos procurando um pequeno cisco no olho dos outros. Jesus fala de pessoas cuja vida exterior é um sepulcro majestoso, mas que têm uma vida interior fétida como de cadáveres em decomposição. Essa não é simplesmente uma linguagem trabalhada para produzir efeitos retóricos. É uma linguagem que, como acabamos de observar, faz parte da própria mensagem, movida pela urgência impetuosa do evangelho. Quando perguntaram a Flannery O'Connor, escritora católica sulista, por que os seus personagens eram tão freqüentemente grotescos, ela respondeu: "Para os surdos é preciso gritar e para os quase cegos é preciso desenhar figuras grandes e espantosas." As analogias surpreendentes de Jesus só podem ser explicadas pela força da sua paixão pela verdade e por sua determinação em fazer seus ouvintes compreender que estavam se acomodando por muito, muito menos.

Uma história pode esclarecer isso. Na praia de Venice, Califórnia — uma praia situada em Los Angeles — havia uma atração turística chamada Muscle Beach (Praia do Músculo). No entardecer quente do verão, fisiculturistas, mais parecendo deuses e deusas louros e bronzeados do que homens e mulheres, saem de seus cansativos escritórios e, em trajes sumários, fazem seus exercícios diante de espectadores encantados. Durante a Guerra do Vietnã, a junta de recrutamento recusou um desses fisiculturistas porque ele aumentara tanto seus bíceps a ponto de não conseguir vestir uma camisa do exército, e o comando não estava disposto a mandar fazer um uniforme especial para um só soldado.

Certo dia, um espectador teve a ousadia de chamar esse homem de espertalhão. O acusado, furioso, agarrou seu detrator pela gola da jaqueta de couro, levantou-o do chão e o sacudiu com tan-

A História Cristã

ta violência que sua cabeça frouxa dava a impressão de soltar-se do pescoço. Recolocando o homem no chão, o jovem virou-se e se afastou irritado.

A analogia pode ser forçada, mas é como se fosse isso que Jesus tentava fazer com as multidões de ouvintes: erguê-los das bases convencionais em que se apoiavam e sacudir suas verdades dentro deles.

Uma segunda característica fascinante da linguagem de Jesus era seu estilo invitatório. Em vez de dizer às pessoas o que fazer ou em que acreditar, ele as convidava a *ver* as coisas de modo diferente, confiante de que se aceitassem o convite, elas mudariam de comportamento. Mas para isso era preciso trabalhar com a imaginação das pessoas, mais do que com sua razão ou vontade. Se os ouvintes aceitassem o convite, o lugar para onde ele os convidava teria de parecer-lhes real. Como a realidade que esses ouvintes mais conheciam consistia em particularidades concretas, Jesus começou com elas. Ele falava de grãos de mostarda e terra pedregosa, de servos e senhores, de casamentos e vinho. Esses detalhes específicos deram uma base aos seus ensinamentos, pois ele estava falando de coisas presentes no dia-a-dia dos ouvintes. Em seguida, depois de conquistar-lhes a confiança dando-lhes provas de que sabia do que estava falando, Jesus aproveitava esse momento culminante de confiança e produzia uma reviravolta surpreendente, subversiva. A expressão "momento culminante de confiança" é importante, porque seu significado mais profundo é que Jesus situava a autoridade para seus ensinamentos não em si mesmo nem num Deus distante, mas no próprio coração dos que o ouviam. Meus ensinamentos são verdadeiros, ele disse, não porque vêm de mim, ou mesmo de Deus por meu intermédio, mas porque (contra todas as convenções) no mais profundo de vosso ser *sabeis* que eles são verdadeiros.

A ALMA DO CRISTIANISMO

Afinal, Jesus usou sua linguagem gigantesca, invitatória, para dizer o quê, exatamente? De acordo com os registros, não muita coisa; tudo o que o Novo Testamento cita como sendo palavras dele pode ser dito em duas horas. No entanto, essas palavras talvez sejam as mais repetidas da História. "Ama teu próximo como a ti mesmo." "Faze aos outros o que queres que façam a ti." "Vinde a mim todos os que estais cansados sob o peso do vosso fardo e eu vos darei descanso." "Conhecereis a verdade, e a verdade vos libertará."

Na maior parte do tempo, porém, Jesus contava histórias que chamamos de parábolas: do tesouro enterrado, dos semeadores que saem para semear, dos mercadores de pérolas, de um bom samaritano, de um homem que tinha dois filhos, um dos quais dissipou toda sua herança em orgias e foi obrigado a mendigar restos jogados aos porcos. As pessoas que ouviam essas histórias eram levadas a exclamar: "Este homem fala com autoridade!" e "Jamais um homem falou assim!"

Elas ficavam admiradas, e com razão. Se *nós* não nos admiramos mais, é porque ouvimos tantas vezes os ensinamentos de Jesus que suas arestas se desbastaram, tirando-lhes sua aspereza subversiva. Se conseguíssemos recuperar seu impacto original, nós também ficaríamos impressionados. Sua beleza não ocultaria o fato de que são "palavras duras", apresentando um esquema de valores tão oposto ao habitual de modo a nos sacudir à semelhança do choque sísmico de placas tectônicas.

Jesus diz que não devemos revidar o mal, mas oferecer a outra face. O mundo prega o revide ao mal com todos os meios disponíveis. Jesus diz que devemos amar os nossos inimigos e abençoar os que nos amaldiçoam. O mundo prega o amor aos amigos e o ódio aos inimigos. Jesus diz que o sol nasce tanto para os justos como para os injustos. Para o mundo, isso é não saber discriminar; ele

A História Cristã

gostaria de ver nuvens negras encobrindo o sol para os maus. Jesus diz que enjeitados da sociedade e prostitutas entrarão no reino de Deus antes de muitos que se julgam justos. Isso é injusto, protestamos; as pessoas respeitáveis devem presidir o cortejo. Jesus diz que a porta para a salvação é estreita. O mundo preferiria que ela fosse larga. Jesus diz para sermos despreocupados como as aves e as flores. O mundo aconselha prudência. Jesus diz que é mais difícil um rico entrar no Reino dos Céus do que um camelo passar pelo buraco de uma agulha. O mundo admira a riqueza. Jesus diz que felizes são os mansos, os que choram, os misericordiosos e os puros de coração. O mundo afirma que feliz é o rico, o poderoso, o bem-nascido. Um vento de liberdade sopra por todos esses ensinamentos, assustando o mundo e fazendo-nos querer desviar seu efeito por adiamento — ainda não, ainda não! H. G. Wells evidentemente estava certo: ou havia algo de insano nesse homem ou nosso coração ainda é muito pequeno para sua mensagem.

Precisamos voltar, mais uma vez, ao conteúdo desses ensinamentos. Tudo o que saía dos seus lábios operava como uma lente de aumento para focalizar a percepção humana sobre os dois mais importantes fatos da vida: o amor supremo de Deus pela humanidade e a necessidade por parte das pessoas de aceitarem esse amor e de deixarem que ele flua através delas do modo como a água passa sem obstáculos pela anêmona-do-mar. Ao experienciar Deus como amor infinito voltado para a salvação dos homens, Jesus era um filho autêntico do judaísmo; sua única diferença, como vimos, estava em não permitir que o código de santidade pós-exílico perturbasse a compaixão de Deus. Como na história do pastor que correu o risco de deixar sozinhas as 99 ovelhas para ir à procura da que se extraviara, vezes sem conta Jesus se empenhou em transmitir o amor absoluto de Deus a cada ser humano e a tudo o que

Deus havia criado. Cada fio de cabelo está contado. Deus sabe da morte de cada pequeno pássaro. E nem Salomão, em toda sua glória, se vestiu com a magnificência com que os lírios do campo se vestem. Se o amor infinito de Deus penetra até o âmago de um ser, uma única resposta é possível — uma profunda e total gratidão pelo milagre da graça de Deus.

Expresso de uma forma ligeiramente diferente, a única maneira de compreender as extraordinárias advertências de Jesus sobre o modo como as pessoas devem viver é vê-las como decorrência da compreensão que ele tinha do Deus que ama os seres humanos absoluta e incondicionalmente, sem deter-se para avaliar seu valor ou mérito. Devemos dar aos outros o nosso manto ou o nosso casaco, se eles precisarem. Por quê? Porque Deus nos deu o que precisamos muitas vezes mais. Devemos acompanhar o próximo outros duzentos metros do caminho. Por quê? Porque sabemos, profunda e inequivocamente, que Deus andou conosco percursos muito mais longos. Por que devemos amar não só nossos amigos, mas também nossos inimigos, e rezar por aqueles que nos perseguem? "Desse modo vos tornareis filhos do vosso Pai que está nos céus, porque ele faz nascer o seu sol igualmente sobre maus e bons e cair a chuva sobre justos e injustos." Devemos ser perfeitos, como Deus é perfeito. Dizemos que a ética de Jesus é perfeccionista — uma palavra educada para irrealista — porque ela pede que amemos sem reservas. Mas a razão por que a consideramos irrealista, teria respondido Jesus, é que não sentimos o amor constante e abundante que flui de Deus para nós. Se o sentíssemos, ainda assim haveria problemas. Para qual dos inúmeros necessitados devem ser dados os estoques limitados de mantos e casacos? Se casualmente nos defrontarmos com pessoas perversas, devemos deitar-nos no chão e deixar que nos esmaguem? Jesus não deixou um livro de regras para evitar as escolhas difíceis. O que ele mostrava

A História Cristã

era a atitude com que devemos encarar essas escolhas. Tudo o que podemos dizer antecipadamente ao enfrentar as exigências do nosso mundo exacerbadamente complicado, é que devemos responder aos outros — a todos os que acreditamos que podem ser afetados por nossas ações — não na medida do que julgamos ser adequado para eles, mas na medida de suas necessidades. O custo para nós, pessoalmente, não deve contar.

Jesus reúne seus ensinamentos no Sermão da Montanha. Vendo que centenas de pessoas se aproximavam dele, ele as conduz até uma colina próxima e começa a pregar-lhes a Palavra, iniciando com as bem-aventuranças, transcritas integralmente:

Bem-aventurados os pobres em espírito, porque deles é o
Reino dos Céus.
Bem-aventurados os mansos, porque herdarão a terra.
Bem-aventurados os aflitos, porque serão consolados.
Bem-aventurados os que têm fome e sede de justiça,
porque serão saciados.
Bem-aventurados os misericordiosos, porque alcançarão
misericórdia.
Bem-aventurados os puros de coração, porque verão a
Deus.
Bem-aventurados os que promovem a paz, porque serão
chamados filhos de Deus.
Bem-aventurados os que são perseguidos por causa da
justiça, porque deles é o Reino dos Céus.
Bem-aventurados sois, quando vos injuriarem e vos
perseguirem e, mentindo, disserem todo o mal contra
vós por causa de mim. Alegrai-vos e regozijai-vos,
porque será grande a vossa recompensa no céu, pois

A ALMA DO CRISTIANISMO

foi assim que perseguiram os profetas, que vieram
antes de vós.

Aprendemos com essas afirmações que a bem-aventurança —
beatitude — não é felicidade impoluta. É felicidade paradoxal, em
que a angústia não é eliminada mas cingida e transmutada pelo
amor de Deus que tudo permeia. Na beatitude a lança do sofrimento fica envolta num raio de luz. A luz brilha na escuridão, que
não a consome.

Na terceira bem-aventurança, mansos não são os que se humi-
lham. Vestindo a armadura e o capacete de Deus, eles lutam com
principados e poderes; mas fazem isso sem o desejo de *suplantá-
los,* porque o inimigo é o poder em si, o poder como tal. A fraqueza
que não ambiciona a força mundana — em resumo, a mansidão —
possui a força para herdar a terra. Não esta terra mundana, porém,
porque "o meu reino não é deste mundo".

A outra parte memorável do Sermão da Montanha é a Oração
do Senhor.

Jesus rezava muito. Como o vento e a água dão forma a dunas
e vales, Jesus moldou a sua natureza humana e criou-a como Deus
criou Adão à sua própria imagem e semelhança. Porque a natureza
humana de Jesus não era simplesmente uma jarra vazia para a qual
a encarnação fluiu automaticamente. A oração preenchia sua natureza humana com facetas que não estavam presentes antes.

"O caminho mais longo a percorrer é o mais curto para casa",
dizem os taoístas, e essa máxima inspira a seguinte história: Dois
anos atrás eu voava para Chicago com o objetivo de assistir a uma
conferência sobre as capacidades incomuns da mente humana. O
primeiro orador era professor de uma faculdade de medicina. Ele
começou dizendo que não era crente, mas ateu; no entanto, ele *se
considerava* um médico consciente, e como tal estava sempre aten-

A História Cristã

to a tudo o que pudesse curar seus pacientes. Ele então adotou um movimento pendular que manteve até o fim da palestra — andando de um lado para o outro, ele projetou numa tela que estava às suas costas desde relatos de primeira mão até chamadas de atenção da platéia para as informações que estavam sendo dadas.

O primeiro relato era sobre um paciente com um tumor cerebral; o tumor crescera tanto que era impossível removê-lo cirurgicamente. O médico deu a triste notícia aos membros da família, disse-lhes para levar o doente para casa e dar-lhe muito carinho durante o tempo que lhe restava de vida, uma ou duas semanas, talvez. Três semanas depois o paciente desenganado entrou a passos largos no consultório do médico, acompanhado de dois familiares, dizendo que achava que o médico gostaria de saber que ele estava bem. Um exame cerebral confirmou que o tamanho do tumor sofrera uma redução drástica. Pasmo, o médico perguntou à família o que haviam feito que poderia explicar a recuperação. "Rezamos com fervor, quase incessantemente", responderam, acrescentando, "como também rezaram todos os nossos parentes e os membros da nossa igreja". O médico agradeceu-lhes por terem voltado para lhe dar a notícia e lhes disse para continuarem rezando.

Ele então direcionou seu apontador laser para a tela acima de sua cabeça, explicando que as quadrículas mostravam os resultados dos 24 estudos mais bem pesquisados sobre a oração. Os índices de sucesso variavam de 50 a 90%, mas todos estavam acima da média. Mais alguns relatos de primeira mão e referências aos estudos ocuparam o restante da hora até a sua conclusão. Ele havia deixado de acompanhar estudos sobre a oração — pois considerava provado que a oração dava resultados — e agora estava pesquisando como ela funcionava.

"Boa sorte, amigo", pensei comigo mesmo, acrescentando que os caminhos de Deus não são os nossos caminhos. Entretanto, há

A ALMA DO CRISTIANISMO

algo que, embora não explique como a oração funciona, pode esclarecer o assunto.

Um dos objetivos deste livro é apresentar a história cristã numa linguagem contemporânea — quer dizer, à luz do melhor que conhecemos hoje, inclusive a ciência. A descoberta científica mais importante de todos os tempos — antecipada por Einstein, descrita no Teorema de Bell, e confirmada experimentalmente pelo experimento EPR (Einstein-Podosky-Rosen) — prova que o universo é "não-local".

Em linguagem simples, a história é esta: as partículas têm *spins*. Nas partículas pares, quando uma gira para baixo, a outra gira para cima. Agora, separe as duas — a distância é irrelevante; pode ser de três centímetros até os confins do universo — e quando uma partícula gira para baixo, a outra gira para cima, simultaneamente. Na oração, a não-localidade sugere que a pessoa que reza e a pessoa para quem se reza estão mais próximas do que se estivessem lado a lado. A distância não conta — elas estão no mesmo ponto matemático, que não tem espaço. Quando aquele que reza mergulha fundo no seu eu piedoso, sua oração gira para baixo, por assim dizer, e faz seu receptor girar para cima. Quando Jesus rezava toda a noite, e durante o dia, ele "era girado para cima", colocando-se na presença do Pai, que amava tanto o mundo de modo a "girar para baixo" — em sua Encarnação, Jesus — e a transformá-lo.

Conhecemos a oração que Jesus ensinou às multidões como a Oração do Senhor, sendo *adonai* (senhor) o substituto dos judeus para o tetragrama YHVH, o nome sagrado de Deus que não pode ser escrito ou pronunciado. A oração é dirigida ao *abba* (pai) de todos nós, e a saudação completa: "Pai Nosso, que estais no céu", deixa claro que ela não contém conotações de gênero, pois esse não é um pai humano: é o próprio Deus, que está *além* de todo gênero.

A História Cristã

Embora Jesus achasse a questão do sexo inapropriada para se referir a Deus, termos familiares eram necessários porque as relações de família são as mais íntimas que conhecemos. Era bem natural falar do amor de Deus a seus filhos e do anseio de Jesus de reunir os filhos de Jerusalém ao seu redor como uma galinha abriga seus pintinhos debaixo de suas asas. Ao mesmo tempo, porém, Jesus foi severo ao falar sobre a diferença entre a família de *Deus* — em que todos são irmãos e irmãs — e a família *humana*. Este aspecto é muito importante, e por isso merece um momento de reflexão.

De todas as "palavras duras" de Jesus, as que muitos cristãos têm mais dificuldade de entender são as que dizem respeito à família humana. Ciente do desagrado que esses ensinamentos causariam, Jesus introduziu esses ditos advertindo seus ouvintes de que ele "não viera trazer a paz, mas a espada". Assim

- "Vim contrapor o homem ao seu pai, a filha à mãe e a nora à sua sogra. Em suma: os inimigos do homem serão os seus próprios familiares".
- Mais, "Todo aquele que vem a mim e não odeia seu pai e sua mãe, mulher e filhos, irmãos e irmãs não pode ser meu discípulo".
- Quando um possível seguidor de Jesus perguntou-lhe se podia primeiro voltar para casa e enterrar o pai, Jesus respondeu-lhe: "deixa que os mortos enterrem os seus mortos."

Para compreender essas palavras precisamos entender a cultura mediterrânea em cujo contexto elas foram pronunciadas. Praticamente nenhum outro povo tinha tanto poder sobre seus filhos como os romanos. O pai de família podia rejeitar um filho no nascimento — simplesmente jogá-lo fora. Se resolvia mantê-lo, ele tinha o poder de mandar matá-lo quando quisesse. Jesus era radicalmente contra esse poder absoluto, ditatorial, coercivo do pai humano, e era parte importante de sua missão substituir esse pai pelo Pai celeste e sua família. Certa ocasião em que ele estava numa casa rodeado por uma multidão e foram avisá-lo que sua mãe e irmãos estavam do lado de fora, perguntando-lhe se ele queria ir cumprimentá-los, sua resposta foi perguntar, retoricamente, quem eram sua mãe e seus irmãos. E ele mesmo respondeu: "aqueles que fazem a vontade do meu Pai." Quanto a deixar que os mortos enterrem os seus mortos, no mundo romano era obrigação dos filhos sustentar os pais até que estes morressem, o que significava que poderiam passar anos até que os que quisessem seguir a Jesus estivessem prontos a segui-lo realmente.

Na sua íntegra, a Oração do Senhor é esta:

Pai Nosso que estás nos céus, santificado seja o teu nome; venha a nós o teu reino, seja feita a tua vontade, assim na terra como no céu. O pão nosso de cada dia dá-nos hoje. E perdoa-nos as nossas dívidas assim como nós perdoamos aos nossos devedores. E não nos deixes cair em tentação, [atendo-nos ao aramaico, isto seria, "não nos leves à confusão ou a prioridades errôneas"], mas livra-nos do mal; [a que os cristãos, ao dizer a oração, acrescentam] porque a ti pertencem o reino e o poder e a glória pelos séculos. Amém.

Falamos sobre o que Jesus fez e disse, mas essas expressões implícitas e explícitas não teriam sido suficientes para inspirar seus discípulos à conclusão de que ele era divino, caso não houvesse um terceiro fator: o que Jesus *era*. À primeira vista poderia parecer que "o que" Jesus era deveria ser lido como "quem" ele era, mas "o que" está correto, pois o que segue trata de níveis de ser, não de personalidades.

"Nós Vimos a Sua Glória"

Dostoiévski escreve: "Existe no mundo somente uma figura de beleza absoluta: Cristo. Essa figura infinitamente bela é um milagre infinito."

Certamente, o aspecto mais impressionante dos ensinamentos de Jesus não é que ele os tenha transmitido, mas que os viveu na prática. Dos relatos que temos, toda sua vida foi de humildade, doação de si e amor altruísta. A prova suprema da sua humildade é que ele não disse a Mateus, Marcos e Lucas exatamente o que ele pensava de si mesmo, embora para seu discípulo amado João ele tenha se revelado com toda transparência. Sua preocupação era com o que as pessoas pensavam de Deus — a natureza de Deus e a vontade de Deus para suas vidas. Indiretamente, isso sem dúvida nos diz algo sobre a imagem que Jesus tinha de si mesmo, mas apenas que ele se considerava menor do que Deus. "Por que me chamas bom? Ninguém é bom senão Deus."

É impossível ouvir o que Jesus disse sobre o altruísmo sem sentir que ele próprio estava livre do orgulho. O mesmo se aplica à sinceridade: o que ele disse sobre a sinceridade só poderia ser dito por alguém cuja vida estava desembaraçada de todo engano e falsidade. A verdade para ele era como o próprio ar vivificador que respiramos.

Nas páginas dos Evangelhos, Jesus aparece como um homem cheio de força e integridade que deixa transparecer um único aspecto estranho, o da sua perfeição. Ele gostava das pessoas e elas, por sua vez, gostavam dele. Elas o amavam; amavam-no intensamente

A ALMA DO CRISTIANISMO

e aos milhares. Atraídas por ele não só por seu carisma e poderes de cura, mas também pela compaixão que fluía dele, as pessoas o rodeavam, agrupavam-se à sua volta e o seguiam. Ele estava às margens do mar da Galiléia e as pessoas o comprimiam tanto que ele teve de lhes falar de uma barca. Ele começou seu dia de atividades e uma multidão se aglomerou à sua volta, sem comida, mantendo-se atenta às suas palavras até todos sentirem fome.

As pessoas respondiam a Jesus, mas ele também respondia a elas. Ele sentia suas necessidades, quer fossem ricas ou pobres, jovens ou velhas, santas ou pecadoras. Vimos que ele ignorava as barreiras que as convenções sociais erguiam entre as pessoas. Ele sabia que as pessoas precisavam sentir que faziam parte, e dizia aos que podiam oferecer banquetes que convidassem "os pobres, os aleijados, os coxos e os cegos". Ele amava as crianças e detestava a injustiça pelo mal que ela causava aos que ele chamava afetuosamente de "meus irmãos mais pequeninos". (Não havia nada de sentimental em tudo isso. A sua raiva podia irromper furiosamente, como quando ele derrubou mesas e expulsou os cambistas do templo.) Acima de tudo, ele detestava a hipocrisia, porque ela escondia as pessoas de si mesmas e impedia a autenticidade que ele procurava construir nos relacionamentos. Tudo isso se associou de tal modo que levou os que o conheciam melhor a concluir que ali estava um homem cujo ego humano havia desaparecido. Um ego existia no sentido de que seu corpo não era o corpo de outros, e seus pensamentos e sentimentos também eram claramente seus. Mas os limites do ego foram perfurados, por assim dizer, dando-lhe condições de demonstrar sua admoestação para "alegrar-se com os que se alegram, chorar com os que choram".

As necessidades e os perigos do ego são suficientemente importantes para a condição humana para justificar uma breve discussão sobre o assunto. Podemos começar observando com os

A História Cristã

psicólogos que a força do ego é boa, enquanto o egoísmo, o egocentrismo, é ruim. Admiradores dos paradoxos, os mestres zen dizem que zero é igual ao infinito ($0 = \infty$), um koan cuja solução é fazer "0" representar ego-zero. Paulo disse que Jesus se esvaziou não somente da consciência de si, mas também de sua divindade: "Ele tinha a condição divina, e não considerou o ser igual a Deus como algo a se apegar ciosamente. Mas esvaziou-se a si mesmo, e assumiu a condição de servo, tomando a semelhança humana. E, achado em figura de homem, humilhou-se e foi obediente até a morte, mesmo a morte na cruz!"

Livre da consciência de si, o ser de Jesus se expandiu para que nele penetrasse o mundo como a correnteza de um rio se avoluma quando as comportas da represa são abertas. Ele agora sente o mundo sem restrições, vívida, objetiva e precisamente, percebendo coisas que as outras pessoas não vêem. E ele era livre porque era seu próprio mestre — independente, autoconfiante, autêntico e autônomo. O ego é dualista; ele se opõe ao não-eu, como o sujeito em oposição aos objetos. Ao fazer isso, ele se priva do conforto e do descanso que um eu livre desfruta, pois o ego é uma pedra de tropeço, e tropeçar nele é incômodo e impede a paz.

Numa metáfora diferente, a nódoa egoísta obscurece nossa visão de tudo o que está diante de nós, assim como nódoas de sujeira obscurecem os raios do sol que brilham através da janela. Jesus limpou todas as nódoas do ego para sintonizar sua vontade perfeitamente com a vontade de Deus. O amor a seu Pai era tão completo que não lhe restou nenhum amor para dedicar a si mesmo. Esvaziado assim do eu, o que restou foi um vácuo a ser preenchido por Deus. Como expressou Angelus Silesius, um poeta místico alemão do século XVII:

Ó Deus, cujo amor e alegria sem limites
estão em toda parte,
Ele não pode vir visitar-te
a não ser que não estejas lá.

Isso é verdade, mas mesmo quando não há nódoas e uma jane-la permite que a luz do sol entre intacta, os raios que passam não são o sol em si. Assim também, Deus Pai é diferente de Deus Filho; as "duas naturezas" de Cristo não estão combinadas. No apelo líri-co da Igreja primitiva: "Nós vimos a sua glória..., cheio de graça e de verdade."

Num incidente grandioso registrado no Novo Testamento, Pedro, João e Tiago viram essa glória com os olhos físicos. No monte Tabor — O Monte da Transfiguração, como veio a ser chamado — eles viram o rosto de Jesus se transmutar enquanto ele rezava, e viram suas roupas refulgir com um brilho deslumbrante. O que eles tiveram o privilégio de ver, como através de um prisma, foi uma condensação da glória que brilhou através de toda a vida de Jesus.

Séculos mais tarde, Shakespeare transformou em poesia o que havia sido dito sobre essa glória:

Dizem alguns que ao chegar a época
Da celebração do nascimento do nosso Salvador,
O pássaro do amanhecer canta a noite toda;
Então, dizem, nenhum espírito pode andar à solta;
As noites são auspiciosas; planetas não se chocam,
Não há contos de fadas e a bruxa não tem poder de enfeitiçar,
Tão sagrado e encantador é esse tempo.

A História Cristã

SEMANA SANTA

Voltando ao Jesus histórico e completando a exposição dos acontecimentos em torno de sua vida, à medida que o último período pascal que Jesus celebraria se aproximava, "ele tomou resolutamente o caminho de Jerusalém". A palavra "resolutamente" aqui é muito apropriada; ela expressa a determinação que Jesus precisava para enfrentar o que lhe estava reservado, uma vez que a opressão romana era intolerável e as discussões entre os judeus sobre como livrar-se dela acirravam-se a cada dia. Os fariseus, especialmente, estavam assustados com o número cada vez maior de seguidores de Jesus, sinalizando para um confronto inevitável.

Domingo de Ramos

Uma procissão se formou espontaneamente para a entrada de Jesus em Jerusalém; os que seguiam Jesus, montado num jumento, saudavam-no agitando ramos de palmeira e cobrindo com eles o caminho à sua frente. Um poema de G. K. Chesterton capta o espírito da ocasião e o preserva, de forma inusitada, através dos olhos de um jumento:

> *Quando peixes voavam e florestas andavam*
> *E figos cresciam em espinheiros,*
> *Em algum momento em que a lua estava sangue*
> *Eu seguramente nasci.*
>
> *Com cabeça monstruosa e zurro assustador*
> *E orelhas como asas errantes,*
> *A paródia ambulante do diabo*
> *Sobre todos os seres quadrúpedes.*

O proscrito maltrapilho da terra,
De antigo desejo retorcido;
Mata-me de fome, açoita-me, zomba de mim: eu me calo,
Eu guardo meu segredo.

Tolos! Eu também tive meu momento;
Um momento intenso e doce:
Houve um clamor nos meus ouvidos,
E ramos de palmeira aos meus pés.

As hosanas nos ouvidos do jumento significavam "Salva-nos agora!". Naturalmente, a espécie de salvação esperada pelos que formavam o cortejo não aconteceu.

Durante a Semana Santa, Jesus foi ao Templo diariamente para rezar e pregar. Numa ocasião, como já dissemos, ele expulsou os vendilhões do átrio do templo porque o haviam transformado num covil de ladrões, quando a vontade de Deus era que ele fosse "uma casa de oração para todos os povos".

Quinta-feira Santa

No dia anterior à Páscoa, Jesus e seus discípulos fizeram a última refeição juntos. Antes da ceia, Jesus pegou uma toalha e uma bacia com água e, apesar dos protestos dos discípulos, lavou os pés de todos eles; em seguida deu-lhes um mandamento novo, que se amassem uns aos outros. Se a prescrição tivesse terminado nesse ponto, não haveria nenhuma novidade, mas quando Jesus acrescentou, "como eu vou amei" — de modo total, absoluto, incondicional — isso *era* uma realidade nova, e o dia entrou no ca-

A História Cristã

lendário da Igreja como a Quinta-feira Santa, do latim *mando,* "Eu vos mando".

Depois do lava-pés, todos se sentaram para a Última Ceia juntos. Ao partir o pão, Jesus disse aos seus discípulos que esse gesto representava o prenúncio da entrega iminente do seu corpo e que o vinho que ele abençoava simbolizava o sangue que ele derramaria. Jesus pediu a eles que repetissem a ceia depois que ele tivesse partido "em memória de mim". A palavra "memória" [remembrança] é carregada de simbolismo, porque re-membrar é tornar a reunir partes que foram separadas. Dessa maneira, depois que a morte separasse Jesus dos seus discípulos, ele estaria novamente com eles quando o "remembrassem" reproduzindo essa Última Ceia.

> *E é verdadeira? É verdadeira*
> *Essa história extraordinária,*
> *Que Deus foi Homem na Palestina*
> *E hoje vive no Pão e no Vinho?*

> *John Betjeman*

A Noite no Monte das Oliveiras

Depois da ceia, o grupo se retirou para o monte das Oliveiras para rezar. Em algum momento Jesus disse a seus discípulos para se deterem porque ele queria ir sozinho ao Jardim do Getsêmani; mas eles deviam acompanhá-lo na vigília durante toda a noite. Um hino relembra as horas seguintes:

É meia-noite, e no monte das Oliveiras
A estrela que brilhava está esmaecida.
É meia-noite agora no jardim.
O Salvador em agonia reza sozinho.

Antevendo tudo o que sofreria, Jesus prostrou-se em agonia e pediu: "Pai, se possível, afasta de mim este cálice." Nesse momento ele sentiu um imenso abismo entre sujeito e objeto, entre ele mesmo e seu Pai. Ele estava nas profundezas do vale das sombras da morte, numa noite escura da alma, quase um inferno com a sensação de que Deus havia morrido. Ele teria novamente essa sensação de abandono na cruz. A natureza humana de Jesus exigia que ele percorresse um imenso vazio a caminho da ressurreição. Um *spiritual* afro-americano expressa essa necessidade:

Jesus caminhava pelo vale solitário,
Ele precisava caminhar sozinho;
Ninguém mais podia caminhar por ele,
Ele precisava caminhar sozinho.

No entanto, o Deus que o desertara era o Deus-objeto (o Deus para quem ele rezava), não o Deus-sujeito (o Deus encarnado que ele era), porque na sua súplica para que lhe poupássemos o cálice, ele acrescentou: "Contudo, não seja como eu quero, mas como tu queres."

A Crucificação

Não sabemos os passos exatos que levaram Jesus à crucificação no dia seguinte, mas temos muitas informações de caráter geral.

A História Cristã

Na festa da Páscoa, Jerusalém se transformava num estopim que podia explodir a qualquer momento. Uma multidão de judeus se reunia na cidade para celebrar o dia mais santo do ano, e a cidade fervilhava com debates acalorados sobre a melhor maneira de lidar com a opressão romana. Pôncio Pilatos, representante de Roma, estava atento a levantes que poderiam desencadear uma revolta, e os soldados tinham ordens de deter imediatamente agitadores potenciais. Com sua popularidade aumentando, Jesus ocupava os primeiros lugares da lista, por isso, na calada da noite, soldados o prenderam no Getsêmani e no dia seguinte Pilatos o levou a julgamento.

Parte da estratégia de Pilatos para conter possíveis tentativas de rebelião era crucificar alguns suspeitos políticos e transgressores da lei no dia de preparação para a Páscoa, como advertência. Esses eventos eram públicos e atraíam grandes multidões. Seguramente não foi por acaso que o momento do julgamento de Jesus o tornasse um bom candidato para esse papel.

Os relatos mais antigos que temos sobre o julgamento de Jesus foram escritos quarenta anos depois desses fatos e eles refletem o conflito que aflorou da disputa entre os judeus para saber se Jesus era ou não o Messias ("Cristo", em hebraico). A diferença era irreconciliável, e dela o cristianismo surgiu como uma religião diferente. Naturalmente, os judeus se sentiram traídos e fizeram todo o possível para impedir a heresia. Essa questão desemboca diretamente na vida e obra de Saulo/Paulo, mas o que quero salientar aqui é que as narrativas do Evangelho são filtradas através do sofrimento que os cristãos tiveram de suportar para conquistar sua independência. De Marcos a Mateus, Lucas e João, os Evangelhos transferem a responsabilidade pela execução de Jesus de Roma para os judeus. "A multidão" e "todo o povo" que pedem a morte de

A ALMA DO CRISTIANISMO

Jesus em Marcos se tornam em Lucas "os sacerdotes e as multidões", e em João, "os judeus", "os judeus", "os judeus", "os judeus" — sendo *judeus* repetido quatro vezes para dar ênfase. Obviamente, todos em Jerusalém eram judeus, menos os governantes, mas os Evangelhos transformam os judeus numa facção que garantiu a morte de Jesus.

Parte da estratégia de Pilatos era compensar uma crucificação pública com a libertação de outro criminoso. Quando (não encontrando crime em Jesus) Pilatos propôs que o homem a ser libertado nessa Páscoa em particular fosse Jesus, "os judeus" pediram que ele soltasse Barrabás.

Vemos aqui uma forma específica pela qual os Evangelhos usam uma história subseqüente para lançar suas acusações contra "os judeus". A desastrosa revolta de 67-70 levou à destruição do Segundo Templo e Barrabás havia insuflado a rebelião. Por isso (como os Evangelhos narram a história), ao pedir a libertação de Barrabás, "os judeus" haviam realmente atraído a demolição do Templo sobre suas próprias cabeças.

Como o anti-semitismo continua até os nossos dias, era preciso dizer o que acabamos de expressar, porque não há outra maneira de tomar os relatos do Evangelho sobre a crucificação tal como aparecem sem que deixem transparecer ressaibos de anti-semitismo. Situá-los no seu contexto histórico e vê-los como uma reação à perseguição que os judeus moviam contra os cristãos quando os Evangelhos foram escritos — tão cruel quanto a movida pelos cristãos contra os judeus quando os primeiros se impuseram — é a única maneira de incluir os Evangelhos na revelação cristã.

Condenado, Jesus e dois ladrões foram açoitados e levados à Colina da Caveira, o Gólgota, nos arredores de Jerusalém, e pregados cada um em sua cruz por volta do meio-dia. A escuridão co-

A História Cristã

briu a terra, e pendendo da cruz Jesus gritou em agonia, *"Eli, Eli, lemá sabachthani"*, que significa: "Deus meu, Deus meu, por que me abandonaste?" Pouco depois ele acrescentou: "Pai, perdoa-lhes, porque eles não sabem o que fazem", e no fim ele exclamou: "Está consumado."

No meio da tarde, um soldado traspassou-lhe o lado com a lança para não haver dúvida de que ele estava morto realmente. Os cristãos preservam cada detalhe dessa cena que lhes trouxe a salvação e a revivem incessantemente em sua mente e em seus cantos, como esses versos do hino "Rocha Eterna" comprovam:

Que a água e o sangue,
Que jorraram do lado ferido,
Sejam do pecado a dupla cura,
Salvem-me da ira e me tornem puro.

Essa estrofe não é individualizada. Ela pode ser cantada na primeira pessoa do plural — *nós*, a congregação inteira, entoamos essa súplica em conjunto. Mas na última estrofe, transcrita na Parte Um deste livro, o "nós" implícito passa para um "Eu" explícito:

Enquanto respiro esse alento fugaz,
Ao fechar os olhos à morte,
Ao elevar-me a mundos desconhecidos,
E contemplar-te em teu trono;
Rocha Eterna, fendida para mim,
Possa eu ocultar-me em ti.

Quando ficou constatado que Jesus morrera, seu corpo foi tirado da cruz e colocado num sepulcro oferecido por um homem rico que também se tornara discípulo de Jesus, José de Arimatéia.

Os discípulos e amigos que, com medo mas também esperança, haviam acompanhado Jesus até o fim, ficaram desnorteados e desesperados. Apenas suas lembranças os ligavam agora a seu Mestre, e essas desapareciam rapidamente com as horas excruciantes diante a cruz. Foi um final aterrador. Eles haviam esperado um grande novo dia para o povo de Deus, mas o milagre esperado não viera. Agora era tarde demais.

O FIM E O COMEÇO

Esse poderia perfeitamente ter sido o fim da história. A História está cheia de visionários que apresentaram planos, morreram e ninguém nunca mais ouviu falar deles. No caso de Jesus, porém, a morte foi apenas o começo. Pouco tempo depois, seus seguidores já estavam pregando a palavra de seu Senhor ressuscitado.

Não sabemos exatamente o que aconteceu depois que Jesus foi sepultado. Os Evangelhos dizem que na manhã de domingo, quando Maria e Marta foram ao sepulcro para prantear Jesus, a pedra que bloqueava a entrada fora afastada e o túmulo estava vazio. O éthos moderno rejeita esses relatos, mas precisamos ser cautelosos aqui, pois um dos melhores físicos do mundo, John Polkinghorne, que é também pastor anglicano, acredita que o sepulcro realmente estava vazio; e estudiosos do Novo Testamento da estatura de N. T. Wright sustentam que se levarmos em conta todas as informações disponíveis, elas também apontam para essa conclusão, não havendo razão para acreditar que o corpo de Jesus tenha sido roubado. Com relação à pedra que fechava a entrada do túmulo e que foi retirada, há uma história semelhante no budismo. Quando Ananda, o principal discípulo de Buda, foi prestar reverência a Maha-

A História Cristã

kashyapa na caverna onde este meditava, no Pico do Abutre, ele a encontrou aberta; a pedra que bloqueava a entrada fora afastada para o lado.

De qualquer modo, tudo indica que Jesus ressuscitou. Ele não foi reanimado, porque seu corpo ressuscitado era bem diferente daquele que morrera na cruz. Esse corpo ressuscitado era visível: algumas pessoas (não todas) o reconheceram como sendo o corpo do Jesus que elas conheciam. E ele era físico: o Jesus ressuscitado tinha fome e se alimentava, e Tomé tocou a ferida causada pela lança. Ao mesmo tempo, de certo modo ele era incorpóreo: atravessava portas fechadas. Essas diferenças misteriosas convenceram os discípulos de que seu Mestre entrara num novo modo de ser.

No seu soneto "A Ressurreição", John Donne escreveu: "Ele era todo dourado quando deitado; de pé/Todo tintura." Donne referia-se aos alquimistas, cujo objetivo último era não só transformar metais inferiores em ouro, mas descobrir uma tintura que transmutasse em ouro qualquer metal que ela tocasse. O Cristo ressuscitado tornara-se essa substância que transformava em "ouro" as vidas que ele tocava. Daí em diante o seu povo seria o corpo de Jesus, realizando o que ele realizaria se ainda tivesse mãos e pés físicos.

A ASCENSÃO E PENTECOSTES

Quarenta dias depois da sua morte, Jesus encerrou solenemente sua carreira terrestre subindo ao céu. E cinqüenta dias depois da ressurreição, Deus enviou aos discípulos o Consolador que Jesus prometera, num evento que ficou conhecido como Pentecostes.

Indissoluvelmente ligados pela amizade e pela tristeza, os seguidores de Jesus haviam se reunido em Jerusalém um pouco menos de dois meses depois de sua morte para, juntos, celebrarem a festa de ação de graças, quando as primícias da colheita eram oferecidas a Yahweh. Estavam todos reunidos no mesmo lugar, diz a escritura,

> de repente, veio do céu um ruído como o agitar-se de um vendaval impetuoso, que encheu toda a casa onde se encontravam. Apareceram-lhes, então, línguas como de fogo, que se repartiam e que pousaram sobre cada um deles. E todos ficaram repletos do Espírito Santo.

Maravilhados, os membros do grupo se espalharam pelo pátio do Templo e descobriram que podiam falar nos dialetos e línguas dos judeus que chegavam a Jerusalém para as festividades. Os discípulos viram nesse fato um presságio de que a mensagem de Jesus seria levada até os confins da terra.

A expansão começou rapidamente. Impregnados pelo poder das línguas de fogo que haviam descido sobre eles, os discípulos de Jesus seguiram vários caminhos para fora de Jerusalém, onde a perseguição contra eles era mais implacável, e entraram nos territórios helênicos, o mundo dos gentios. Acolher gentios na comunidade dos seguidores de Cristo foi uma questão espinhosa, mas depois de muita controvérsia interna esse passo foi dado, com Pedro assumindo a liderança. Os discípulos começaram a pregar a boanova do Cristo ressuscitado em toda a região, e comunidades cristãs florescentes surgiram nas principais cidades. As pessoas se viam respondendo à mensagem dos discípulos, e nós precisamos tentar entender o porquê.

A História Cristã

A BOA-NOVA

A ressurreição de Jesus não teve relação com o destino de um homem de valor, mas com a situação da bondade no universo, oferecendo evidências de que ela tem poder — na verdade, poder absoluto. Jesus era a bondade encarnada, e em sua ressurreição sua bondade triunfou. Se o Gólgota tivesse sido o fim, a bondade encarnada por Jesus teria sido bela, sim, mas teria sido significativa? Um frágil botão de flor flutuando na torrente e logo destruído — qual a relevância da bondade se ela não tiver raízes firmes na realidade, se não tiver poder à sua disposição? A ressurreição inverteu a posição cósmica em que a cruz colocara a bondade de Jesus. "Túmulo, onde está tua vitória? Morte, onde está teu aguilhão?" Na interpretação de James Russell Lowell em "A Crise Presente":

> *Verdade para sempre no patíbulo,*
> *Erro para sempre no trono —,*
> *Porém esse patíbulo agita o futuro,*
> *e, atrás do opaco desconhecido,*
> *Permanece Deus dentro da sombra,*
> *vigiando sobre si mesmo.*

A compaixão que os discípulos haviam visto em Jesus era poderosa — vitoriosa sobre todas as coisas.

Essa convicção transformara uma dúzia ou pouco mais de seguidores desconsolados de um líder morto e desacreditado em uma das forças mais dinâmicas da história humana, e as línguas de fogo que desceram sobre eles no dia de Pentecostes incendiaram o mundo mediterrâneo. Homens que nunca foram oradores agora se viam eloqüentes. Eles explodiram pelo mundo greco-romano, pregando

A ALMA DO CRISTIANISMO

o que veio a ser chamado de "evangelho"; no original grego, a frase é "Boa-nova". Eles difundiram sua mensagem com tanto fervor que, ainda na geração de Jesus, ela fincou raízes em todas as principais cidades da região.

O que era essa Boa-nova que deu origem à Igreja cristã e partiu a História em a.C. e d.C., como se ela fosse um graveto seco? Não foram os ensinamentos éticos de Jesus; já comentamos que todos os ensinamentos de Jesus estavam presentes na literatura da sua época. Na verdade, não foi nada do que Jesus ensinou. Paulo, cujas epístolas sintetizam as preocupações da Igreja primitiva, sabia muito bem o que Jesus havia ensinado, mas praticamente não cita suas palavras. Não foi nem mesmo o modo como Jesus integrou seus ensinamentos na sua vida que constituiu a Boa-nova.

Talvez possamos nos aproximar dessa Boa-nova por meio de um símbolo. Se vivêssemos às margens orientais do Mediterrâneo nos primeiros séculos da era cristã, notaríamos as linhas grosseiras de um peixe rabiscado aqui e ali, em muros, paredes e no chão. Mesmo vendo esse peixe em vários lugares, provavelmente não lhe daríamos atenção, considerando-o como um desenho ou "grafite" inofensivo, porque estaríamos vivendo em cidades e aldeias portuárias, onde a pesca era uma atividade corriqueira. Se fôssemos cristãos, porém, veríamos nesses rabiscos o "logotipo" da Boa-nova. A cabeça do peixe apontaria na direção do lugar onde o grupo cristão local realizava suas reuniões clandestinas — debaixo da terra (em catacumbas) ou em quartos no fundo de lojas ou casas, pois ser conhecido como cristão significava correr o risco de ser atirado aos leões ou aos gladiadores, ou ser transformado numa tocha humana. Uma cruz seria um símbolo incriminador, sendo por isso substituída por um peixe, pois as letras gregas para a palavra "peixe" são as primeiras letras das palavras gregas para "Jesus Cristo, Filho de Deus, Salvador".

A História Cristã

E o que significa a frase: "Jesus Cristo, Filho de Deus, Salvador?" Em vez de mergulhar em sua imensa história, será melhor tentar entender a experiência que deu origem a essa história.

As pessoas que ouviam os discípulos de Jesus proclamando a Boa-nova ficavam tão impressionadas com o que viam quanto com o que ouviam. Elas viam vidas que haviam sido transformadas — homens e mulheres que eram absolutamente comuns em todos os sentidos, exceto por parecerem ter encontrado o segredo da vida. Elas demonstravam uma tranqüilidade, simplicidade e alegria que seus ouvintes não haviam encontrado em lugar nenhum. Ali estavam pessoas que pareciam estar fazendo sucesso no empreendimento em que todos nós gostaríamos de ter sucesso — a própria vida.

Especificamente, parecia haver duas qualidades fecundas em suas vidas. A primeira era a dedicação mútua. Uma das primeiras observações feitas por um estranho sobre os cristãos é: "Veja como eles se amam." Um aspecto essencial dessa dedicação mútua era a ausência total de barreiras sociais; eles formavam um grupo de iguais. Ali estavam homens e mulheres que não só diziam que todos eram iguais aos olhos de Deus, mas também viviam de acordo com o que diziam. As barreiras convencionais de raça, sexo e posição social nada significam para eles, pois em Cristo não havia judeu nem gentio, homem ou mulher, escravo ou livre. Conseqüentemente, apesar das diferenças de função ou de posição social, sua confraria era marcada por um sentimento de genuína igualdade.

A segunda qualidade distintiva era a felicidade. Quando Jesus estava em perigo, seus discípulos ficavam alarmados; afora isso, porém, era impossível ficar triste na companhia de Jesus. E quando ele disse a seus discípulos que queria que sua alegria permanecesse com eles, "para que a vossa alegria seja completa", em grande parte esse objetivo foi alcançado.

A ALMA DO CRISTIANISMO

Os estranhos achavam isso desconcertante. Esses cristãos, espalhados aqui e ali, não eram numerosos. Não eram ricos nem poderosos, e estavam sempre correndo o risco de ser mortos. No entanto, haviam se imbuído de uma paz interior que encontrava expressão numa alegria impossível de conter. Talvez "radiante" fosse uma palavra melhor. "Radiância" dificilmente é a palavra empregada para caracterizar a vida religiosa em geral, mas nenhuma outra descreve melhor a vida desses primeiros cristãos.

Quando chegamos a Paulo, encontramos nele um exemplo vívido. Ali estava um homem que havia sido ridicularizado, expulso de cidade em cidade, naufragado, aprisionado, chicoteado a ponto de ficar marcado. Contudo, ali estava uma vida em que a alegria era o refrão constante: "Alegria indizível e cheia de glória." "Graças sejam dadas a Deus que nos dá a vitória." "Em todas as coisas somos mais que conquistadores." "Deus que fez a luz brilhar das trevas, brilhou em nossos corações." "Graças sejam dadas a Deus por sua dádiva indizível." Como sugere o quinto capítulo da Epístola aos Efésios, eles cantavam, não por hábito, mas por causa do fluxo irreprimível de sua experiência direta. A vida não eram desafios a ser enfrentados, mas glória a ser celebrada.

O que produzia esse amor e essa alegria nesses primeiros cristãos? Todos desejam essas qualidades; a questão é como obtê-las. A explicação, na medida em que podemos depreendê-la dos registros do Novo Testamento, é que três fardos insuportáveis haviam sido removidos dos ombros deles de modo súbito e radical.

O primeiro fardo era o medo, incluindo o medo da morte. O psicólogo suíço Carl Jung diz que nunca encontrou um paciente com mais de 40 anos cujos problemas não remontassem ao medo da morte que se aproximava. O motivo por que os cristãos não se deixavam intimidar pelos leões (e até cantavam ao entrar no coliseu)

106

A História Cristã

era que haviam compreendido perfeitamente o conselho de Jesus: "Não temais, pois estou convosco."

O segundo fardo de que se viram livres foi a culpa. Reconhecida ou reprimida, a culpa parece ser inerente à condição humana, porque ninguém consegue viver totalmente à altura dos seus ideais. A questão não é apenas que nos comportamos pior com relação aos outros do que nos propõe nossa consciência; também falhamos quando deixamos de desenvolver nossos talentos e quando perdemos as oportunidades da vida. Mesmo se conseguimos manter o remorso sob controle enquanto o sol brilha, nas horas insones da noite ele nos visita:

*...a dilacerante dor de reviver
tudo o que foste e fizeste; a vergonha
de motivos revelados depois; a percepção
de ações más, feitas para ferir o outro,
que antes vias como exercício da virtude.*

T.S. Eliot, "Little Gidding"

A culpa opressiva reduz nossa criatividade. Em sua forma aguda, ela pode se transformar numa fúria de autocondenação que detém o fluxo da vida. Paulo sentira a força da culpa antes de ser libertado: "Infeliz de mim! Quem me livrará deste corpo de morte?"

O terceiro fardo do qual os cristãos se libertaram foram as restrições limitadoras impostas pelo ego. Não temos nenhum motivo para supor que, antes da nova vida, aqueles homens e mulheres fossem mais egocêntricos do que eu e você, mas eles sabiam que o amor deles estava totalmente limitado. Eles sabiam que a maldição humana é amar e às vezes amar bem, mas nunca amar *bem o bastante*. Agora, essa maldição fora absolutamente desfeita.

A ALMA DO CRISTIANISMO

Não é difícil ver como a libertação do medo, da culpa e do egocentrismo podia parecer um renascimento. Se alguém nos libertasse desses obstáculos paralisantes, também nós chamaríamos essa pessoa de "salvador". Mas isso apenas faz nossa questão recuar um pouco. Como os cristãos se libertaram desses fardos? E o que um homem chamado Jesus, agora junto ao Pai, teve a ver com o processo que os cristãos lhe atribuíam?

O único poder capaz de realizar transformações como essa que descrevemos é o amor. Coube ao século XX a tarefa de descobrir que, aprisionada dentro do átomo, está a energia do próprio sol. Mas para que essa energia seja liberada, o átomo precisa ser bombardeado de fora. Do mesmo modo, aprisionado dentro de todo ser humano está um reservatório de amor que participa do divino — a *imago Dei,* a imagem de Deus que está dentro de nós. E também ela só pode ser ativada por meio de um bombardeamento — nesse caso, o bombardeamento do amor. O processo começa na primeira infância, quando o sorriso amoroso da mãe, inicialmente unilateral, desperta o amor no bebê e, à medida que a coordenação do bebê vai se desenvolvendo, ele ensaia os primeiros sinais de um sorriso de resposta. O processo continua na infância. Um ser humano amoroso não é resultado de exortações, regras e ameaças. O amor só cria raízes na criança quando chega até ela. (Quando alguém pediu ao cantor de música folclórica, o ativista Pete Seeger, um conselho sobre como educar os filhos, ele respondeu: "Derrame neles o amor, e ele brotará de dentro deles.") O amor é um fenômeno reativo. É, literalmente, uma resposta.

Um episódio ocorrido pode ajudar a entender esse ponto:

O rapaz era um calouro tímido numa pequena faculdade do Meio-Oeste. Uma manhã, o professor (que era seu modelo e a quem ele idolatrava) começou a aula dizendo: "Na noite passada, ao ler os trabalhos que vocês entregaram há poucos dias, deparei-me com

A História Cristã

algumas das frases mais significativas que já li em toda a minha vida." Enquanto o professor lia as frases para todos, o calouro mal conseguia acreditar em seus ouvidos. Seu coração disparou, pois ouvia as palavras que ele próprio escrevera. E fez o seguinte registro em seu diário:

> Não me lembro de mais nada do que aconteceu naquela hora, mas nunca vou esquecer meus sentimentos quando a sineta me trouxe de volta aos meus sentidos. Era meio-dia e quando cruzei a porta da faculdade, outubro nunca fora tão lindo. Eu me sentia exultante. Se alguém tivesse me pedido qualquer coisa, talvez mesmo que entregasse minha vida, eu teria dado tudo com a maior alegria, porque eu não queria nada para mim mesmo. Eu ansiava por dar ao mundo tanto quanto dele recebera.

Se um jovem se transformou a esse ponto pelo interesse que um ser humano demonstrara por ele, talvez possamos compreender como os primeiros cristãos ficaram transformados por sentirem certeza absoluta de que eram totalmente amados — não abstratamente ou em princípio, mas de maneira vívida e pessoal — por aquele que une em si todo poder e toda perfeição. Se também nós nos sentíssemos amados desse modo, a experiência poderia dissolver o medo, a culpa e o egoísmo. Como disse Kierkegaard: "se a cada momento, tanto presente quanto futuro, estivéssemos convencidos de que nada aconteceu ou acontecerá que possa separar-nos do amor infinito daquele que é Infinito, esse seria o motivo mais evidente para termos alegria."

O amor de Deus foi exatamente o que os primeiros cristãos sentiram. Eles haviam sentido o amor de Jesus e tinham se convencido de que Jesus era Deus encarnado. Quando esse amor fluiu para eles, ele não pôde ser detido. Dissolvendo as barreiras do medo, da culpa e do egocentrismo, o amor de Deus jorrou através deles como uma torrente, aumentando o amor que até esse momento sentiam pelos outros a ponto de a diferença de *grau* tornar-se uma diferença de *espécie*. Uma nova qualidade nasceu, o amor cristão. O amor convencional é evocado pelas qualidades amáveis do ser amado, mas o amor que as pessoas aprenderam com Cristo envolvia pecadores e marginais, samaritanos e inimigos. Era um amor que dava de si, não com a expectativa de receber retorno, mas porque doar era sua natureza. A famosa descrição do amor cristão feita por Paulo no Capítulo 13 da Primeira Epístola aos Coríntios não deve ser lida como se Paulo estivesse falando sobre uma qualidade que já fosse conhecida. Suas palavras relacionam os atributos de uma pessoa específica, Jesus Cristo. Com frases de beleza incomparável, esse capítulo descreve o amor divino que, acreditava Paulo, os cristãos refletiriam para os outros depois que experimentassem o amor de Cristo por eles. O leitor deve ouvir as palavras de Paulo com a compreensão de que elas definem uma qualidade nova que, por ter se realizado plenamente "na carne" apenas em Cristo, Paulo estava descrevendo pela primeira vez:

> O amor é paciente, é benigno; o amor não arde em ciúmes, não se ufana, não se ensoberbece, não se conduz inconvenientemente, não procura os seus interesses, não se exaspera, não se ressente do mal; não se alegra com a injustiça, mas regozija-se com a verdade; tudo sofre, tudo crê, tudo espera, tudo suporta. O amor jamais acaba.

Os primeiros cristãos acharam tão surpreendente esse amor, como também o fato de ele ter realmente entrado em suas vidas, que precisaram pedir ajuda para descrevê-lo. Ao concluir um dos

A História Cristã

primeiros sermões registrados sobre a Boa-nova, Paulo recorreu às palavras de um dos profetas, o qual, por sua vez, estava falando em nome de Deus: "Olhai, desprezadores, maravilhai-vos e desaparecei! Porque eu vou fazer, ainda em vossos dias, uma obra tal que não acreditaríeis, se alguém vo-la narrasse."

O CORPO MÍSTICO DE CRISTO

Os primeiros cristãos que difundiram a Boa-nova por todo o mundo mediterrâneo não se sentiam sozinhos, nem individualmente nem como grupo, pois acreditavam que Jesus estava sempre entre eles como um poder concreto, uma energia. Eles se lembravam de que ele havia dito: "Pois onde dois ou três estiverem reunidos em meu nome, ali estou eu no meio deles." Por isso, enquanto seus contemporâneos os apelidavam de "crist-ãos" (literalmente, "povo do Messias", porque acreditavam que Jesus era o redentor anunciado pelos profetas), eles começaram a se referir a si mesmos como uma *ekklesia*. No grego da época, essa palavra significava apenas uma assembléia com autonomia própria, mas para os cristãos a assembléia não era uma sociedade de ajuda recíproca, uma associação meramente humana em que as pessoas de boa vontade se reuniam para se incentivarem mutuamente a praticar boas obras e progredirem com o apoio do grupo. Membros humanos constituíam a *ekklesia* cristã, mas ela era movida pela presença de Cristo — leia de Deus — dentro dela. A palavra portuguesa para essa assembléia é Igreja.

Absolutamente convencidos de que eram impelidos por Deus, os discípulos saíram para conquistar um mundo que, acreditavam, Deus já conquistara para eles. Imagens vinham-lhes à mente para caracterizar a intensa identidade corporativa que eles sentiam. Uma dessas imagens vinha do próprio Cristo: "Eu sou a videira, e vós os ramos." Trata-se de uma metáfora, claro, mas só sentiremos sua força se percebermos o sentido exato em que a Igreja primitiva a entendia. Como uma substância vital flui pela videira, entrando em seus ramos, folhas e frutos para dar-lhes vida, assim também uma substância espiritual, o Espírito Santo, fluía do Cristo ressuscitado para seus seguidores, infundindo neles a energia do amor cujo fruto eram as boas ações. Era assim que os seguidores de Jesus entendiam a sua declaração: "Eu sou a verdadeira videira. Permanecei em mim, como eu em vós. Como o ramo não pode dar fruto por si mesmo, se não permanece na videira, assim também vós, se não permanecerdes em mim."

Paulo adaptou a imagem de Cristo utilizando o corpo humano, em vez da videira, para simbolizar a Igreja. Essa adaptação preservou a imagem da videira de uma substância vital que animava suas partes, mas ao mesmo tempo possibilitava às partes maior amplitude em sua individualidade. Embora as funções e talentos de cristãos individuais pudessem ser tão diferentes como olhos e pés, dizia Paulo, todos são animados por uma única fonte. "Pois assim como num só corpo temos muitos membros, ... de modo análogo, nós somos muitos e formamos um só corpo em Cristo."

Para os primeiros cristãos, essa imagem parecia ser totalmente apropriada para sua vida corporativa. A Igreja era o Corpo Místico de Cristo. "Místico" no sentido de sobrenatural e misterioso, mas não irreal — na verdade, bem o contrário. A forma humana de Cristo deixara a terra, mas ele continuava sua missão inacabada por meio de um novo corpo físico, sua Igreja, da qual ele continuava sendo a cabeça. Esse Corpo Místico nasceu naquela sala em Jerusalém, no dia de Pentecostes, pelo poder vivificante do Espírito Santo. Pois "o que a alma é para o corpo do homem", escreveria

A História Cristã

Santo Agostinho mais tarde; "isso é o Espírito Santo para o Corpo de Cristo, que é a Igreja."

Se Cristo era a cabeça desse corpo e o Espírito Santo a sua alma, os cristãos seriam suas células; poucos de início, mas aumentando sempre à medida que o corpo crescia e amadurecia. As células de um organismo não são isoladas; elas sorvem sua vida da vitalidade do seu hospedeiro, mas, ao mesmo tempo, contribuem para essa vitalidade. A analogia é exata. O objetivo do culto cristão inicial era dizer as palavras e fazer as coisas que conservassem vivo o Corpo Místico, embora abrindo cada célula — alma — individual ao fluxo da vitalidade. Esse processo de troca literalmente "incorporava" os cristãos na pessoa de Cristo, pois, num sentido importante, Cristo agora *era* a Igreja. Num cristão qualquer, a vida divina poderia fluir plenamente, parcialmente ou simplesmente não fluir, segundo sua fé fosse vital, superficial ou apóstata, esta última sendo comparável a um estado de paralisia. Algumas células poderiam inclusive tornar-se cancerosas e pôr em perigo o hospedeiro: esses são os cristãos de quem Paulo diz que trazem má reputação para a Igreja por cometerem atos escandalosos. Mas, na medida em que os membros tinham boa saúde cristã, o pulsar do Espírito Santo corria através deles. Isso ligava os cristãos entre si e ao mesmo tempo os colocava na relação mais próxima possível com o próprio Cristo. "Não sabeis que vossos corpos são membros de Cristo?" E novamente: "Eu vivo, mas já não sou eu que vivo; é Cristo que vive em mim."

Com base nessa concepção inicial da Igreja, com o passar do tempo os cristãos chegaram a vê-la com um duplo aspecto. Enquanto ela consiste em Cristo e no Espírito Santo habitando as pessoas e infundindo-as com a graça e o amor, ela é perfeita. Enquanto ela consiste em membros humanos falíveis, ela sempre fica aquém da perfeição. A face mundana da Igreja está sempre sujeita

A ALMA DO CRISTIANISMO

a críticas que, às vezes, devem ser severas. Mas seus erros, sustentam os cristãos, são sempre devidos ao material humano de que ela é feita.

Como comentamos na Parte Um deste livro, os cristãos têm opiniões diferentes sobre a possibilidade de salvação fora do Corpo de Cristo. Resumindo o que foi dito:

Primeiro, circunstâncias históricas devem ser levadas em consideração quando se trata de negar a salvação a estranhos à Igreja. Quem são os estranhos para quem a salvação é negada? São pessoas de grande fé? São pessoas com padrões morais avançados?

Segundo, mesmo no primeiro milênio havia diferenças de opinião a esse respeito. Atualmente, protestantes liberais tendem a rejeitar totalmente a asserção *ex ecclesia nulla salus est,* "fora da Igreja não há salvação", vendo-a como indício de imperialismo religioso. No outro extremo estão os fundamentalistas, insistindo que somente serão salvos os que forem cristãos de modo formal e consciente. Entre essas duas posições situam-se os que respondem a questão fazendo uma distinção entre a Igreja visível e a Igreja invisível. A Igreja visível é composta por aqueles que são formalmente membros da Igreja enquanto instituição terrena. O Papa Pio IX falou em nome da maioria dos cristãos quando rejeitou a idéia de que é indispensável ser membro da Igreja para poder salvar-se. Ele disse:

> os que seguem a lei natural, cujos mandamentos estão escritos por Deus em todo coração humano, e estão prontos a obedecer-Lhe, vivendo com dignidade e retidão, têm a possibilidade, com o poder da luz e da graça divinas, de alcançar a vida eterna. Pois Deus, que vê claramente, sonda e conhece a mente, o coração, os pensamentos e as disposições de todas as criaturas, em sua imensa bondade e

A História Cristã

misericórdia jamais condenaria a sofrer os tormentos eternos um homem que não fosse culpado de erros voluntários.

Essa declaração abrange também aqueles que não são membros da Igreja visível. Alguns cristãos acrescentam a isso a crença de que a vida divina pulsa mais fortemente através da Igreja visível do que através de qualquer outra instituição.

SAULO DE TARSO

Foi impossível não antecipar referências freqüentes a Paulo — ele foi profusamente citado nas páginas precedentes — mas chegou o momento de falarmos especificamente de Saulo de Tarso que, ao ser batizado, passou a chamar-se Paulo, seu nome romano, para evidenciar sua conversão ao cristianismo.

Se Cristo fundou o cristianismo, Paulo fundou a Igreja cristã. As suas sementes foram semeadas nas analogias da videira bem como seus ramos e o Corpo Místico de Cristo, mas Paulo deu à compreensão dessas analogias uma forma institucional, numa estrutura visível.

Instituições, organizações e associações de qualquer natureza têm problemas que lhes são inerentes; elas vêm com território. Esses problemas precisam ser encarados e tratados, pois são as instituições que tornam as idéias forças motrizes da história. Se Paulo não tivesse vindo depois de Jesus, o Sermão da Montanha teria evaporado em uma geração ou duas; mas como os eventos se sucederam, nós ainda o ouvimos e procuramos praticá-lo. Em termos comparativos, se Buda não tivesse instituído a *sangha* — sua comunidade monástica — seus ensinamentos também já teriam desaparecido da face da terra.

A ALMA DO CRISTIANISMO

Paulo está no sangue dos cristãos. Dois mil anos depois do seu nascimento, ele ainda influencia todos os aspectos da vida cristã: suas visões de Deus e de Jesus e o que eles prometeram e exigiram, seus pensamentos e sentimentos de culpa e inocência, suas idéias sobre a vida diária neste mundo e sobre as recompensas e castigos reservados para eles no próximo. A lista não tem fim.

Saulo entra em cena de forma dramática. Entre os judeus determinados a eliminar a heresia de Cristo que mordiscava em volta de sua religião, o judaísmo, nenhum era mais zeloso do que Saulo de Tarso: essa era a paixão da vida dele.

Certo dia Saulo viajava a Damasco com ordens dos sumos sacerdotes para prender e levar a Jerusalém o maior número possível de cristãos. De repente, uma luz ofuscante, mais intensa que a do sol, envolveu toda sua escolta. Saulo foi derrubado do cavalo, e foi então que ouviu uma voz que lhe dizia: "Saulo, Saulo, por que me persegues?" Quando ele perguntou quem estava falando, a voz respondeu: "Sou Jesus, a quem perseguis." A luz o deixou cego por três dias; ele teve de ser levado o restante do trajeto até Damasco, onde conseguiu localizar uma família cristã e foi batizado.

Precisamos examinar atentamente essa experiência de conversão. Assim como as luzes do teatro são amortecidas quando se acendem as do palco, a cegueira física de Saulo aguçou a visão do que estava exposto ao seu olho interior, espiritual. Sendo um judeu instruído, ele reconheceu o que viu. Ele, Saulo, era herdeiro do "misticismo do trono" dos judeus. Os cristãos não conhecem a expressão "misticismo do trono", mas os judeus a conhecem bem. Seus representantes mais destacados incluíam Enoc, Ezequiel e Isaías que, no ano em que faleceu o rei Ozias, "viu o Senhor sentado num trono alto e elevado", com a cauda da sua veste enchendo todo o santuário.

A História Cristã

Paulo se referiu à sua visão apenas uma vez, e ainda assim indiretamente e sob o véu do anonimato. Numa carta aos Coríntios, ele disse ter sido levado ao "terceiro céu" e ter visto coisas que estava proibido de revelar. Por causa dessa proibição, ele não podia dizer se era Jesus, vestido de branco radiante, que ele vira sentado no trono; mas é razoável inferir que sim, porque nada menos do que uma revelação dessa magnitude poderia explicar a instantaneidade da sua conversão e a força com que ele foi catapultado para o palco da história.

Tudo indica que Paulo foi providencialmente habilitado para sua nova missão. Ele era zeloso — tão zeloso em converter as pessoas ao cristianismo como fora em persegui-las. Ele era cheio de energia e vigor, percorrendo o mundo mediterrâneo incansavelmente. (Quando ele teve a visão de um homem na Macedônia, porta de entrada para a Europa, suplicando: "Venha para a Macedônia para nos ajudar", ele e Timóteo puseram-se imediatamente a caminho.) A sua dedicação para eliminar barreiras sociais procedia diretamente de Jesus e arrancou dele um dos seus pronunciamentos mais veementes: "Não há judeu nem grego, não há escravo nem livre, não há homem nem mulher; pois todos vós sois um só em Cristo Jesus." Paulo não era um evangelista que encantasse a platéia com suas palavras; guiado, porém, pelo Espírito Santo, ele sabia o que em termos profanos poderia ser chamado de artifícios da profissão, e quando imbuído deles com a intensidade da sua convicção, ele se tornava persuasivo. Paulo era um comandante brilhante, reunindo suas tropas e mantendo-as preparadas. Era um administrador habilidoso, visitando suas igrejas com toda a regularidade possível, e quando não podia fazer isso pessoalmente, enviava suas dúvidas e diretrizes por meio de mensageiros. Ele ouvia, elogiava, explicava, ponderava ou lisonjeava, conforme o caso, mas se as coisas chegassem a um impasse, ele lançava mão da lei.

A ALMA DO CRISTIANISMO

De tudo isso, e voltando um pouco atrás para dar uma informação, nasceu uma teologia tão original e impressionante que Santo Agostinho e Martinho Lutero (para citar apenas dois dos casos mais famosos) atribuíram a ele a compreensão que formaram da vida religiosa.

Essa teologia germinou da experiência pessoal de Paulo. Como já observamos, foi uma experiência amarga ("homem desventurado que sou"), pois ela o convenceu de que lhe era impossível conquistar a paz e a alegria de que ele precisava apenas com seus precários recursos pessoais — numa palavra, ele não podia salvar a si mesmo. Essa é a compreensão que (no outro lado do mundo) dividiu o budismo em Theravada e Mahayana e (no outro extremo da história) levou Bill Wilson a fundar os Alcoólicos Anônimos. Voltamos ao ponto já levantado: somente algo — o amor — que bombardeie o ego desde fora pode quebrar a sua dura casca. A questão chegou a ficar envolvida numa disjunção, fé *versus* obras, com a teologia paulina aderindo à fé. Um aspecto despercebido do clássico *The Varieties of Religious Experience,* de William James, é o seu argumento (sereno, seguramente) de que aqueles que "nascem duas vezes" compreendem a religião mais profundamente do que aqueles que "nascem uma vez", porque (como foi o caso do próprio William James, que lutou contra a depressão durante toda a vida) experienciam mais intensamente o que *é* uma vida sem salvação.

Falamos dos dons multifacetados de Paulo, mas falta mencionar um. Ele era um grande poeta. Suas palavras possuem tanta energia, são carregadas de uma força tão penetrante, que pareceria impossível ele compor uma única frase prosaica. Seus discursos eliminavam todo o supérfluo sem omitir nada importante; eles nos ajudam a entender o incompreensível; e transpiram inteligência e êxtase combinados — como se essa entrega fosse tão simples quanto

A História Cristã

respirar. Sem inteligência ele teria perecido em duelos com um ou outro dos adversários da Igreja, a quem sem dúvida não faltavam habilidades dialéticas, e sem êxtase suas palavras não teriam alcançado as alturas que as caracterizam e teriam permanecido apenas uma boa poesia.

Todas essas virtudes se juntavam para fazer com que as afirmações de Paulo permeassem os pensamentos dos cristãos quase tanto quanto os ditos de Jesus. Amostras foram inseridas nas páginas anteriores, mas vale a pena reunir mais algumas aqui (com algumas repetições) para sentir sua força poética.

E nós todos que, com a face descoberta, refletimos como num espelho a glória do Senhor, somos transfigurados nessa mesma imagem, cada vez mais resplandecente, pela ação do Senhor, que é Espírito.

Finalmente, irmãos, ocupai-vos com tudo o que é verdadeiro, nobre, justo, puro, amável, honroso, virtuoso ou que de qualquer modo mereça louvor.

E não vos conformeis com este mundo, mas transformai-vos, renovando a vossa mente.

Mas em tudo isso somos mais que vencedores, graças àquele que nos amou. Pois estou convencido de que nem a morte nem a vida, nem os anjos nem os principados, nem o presente nem o futuro, nem poderes, nem a altura, nem a profundeza, nem qualquer outra criatura poderá nos separar do amor de Deus manifestado em Cristo Jesus, nosso Senhor.

A ALMA DO CRISTIANISMO

Aprendi a contentar-me com o que tenho, pois sabemos que todas as coisas cooperam para o bem daqueles que amam a Deus.

Portanto, não durmamos, a exemplo dos outros; mas vigiemos e sejamos sóbrios. Quem dorme, dorme de noite; quem se embriaga, embriaga-se de noite. Nós, pelo contrário, que somos do dia, sejamos sóbrios, revestidos da couraça da fé e da caridade, e do capacete da esperança da salvação.

Quando eu era criança, falava como criança, pensava como criança, raciocinava como criança. Depois que me tornei homem, fiz desaparecer o que era próprio da criança.

Pois nós, que estamos nesta tenda, gememos acabrunhados, porque não queremos ser despojados da nossa veste, mas revestir a outra por cima desta, a fim de que o que é mortal seja absorvido pela vida. E quem nos dispôs a isso foi Deus, que nos deu o penhor do Espírito.

Sua obra-prima, porém, foi a descrição do amor, que muitos cristãos conhecem de cor. Ela já foi citada, mas merece ser repetida:

Ainda que eu falasse as línguas dos homens e dos anjos, se não tiver amor, serei como um bronze que soa ou como o címbalo que retine. Ainda que eu tenha o dom de profetizar e conheça todos os mistérios e toda a ciência; ainda que eu tenha tamanha fé, a ponto de transportar montes, se não tiver amor, nada serei. E ainda que eu distribua todos os meus bens entre os pobres e ainda que entregue o meu

A História Cristã

próprio corpo para ser queimado, se não tiver amor, nada disso me aproveitará.

O amor é paciente, é benigno; o amor não arde em ciúmes, não se ufana, não se ensoberbece, não se conduz inconvenientemente, não procura os seus interesses, não se exaspera, não se ressente do mal; não se alegra com a injustiça, mas regozija-se com a verdade; tudo sofre, tudo crê, tudo espera, tudo suporta. O amor jamais acaba. Agora, pois, permanecem a fé, a esperança e o amor, estes três; porém, o maior destes é o amor.

Esta seção sobre Paulo conclui nosso relato sobre o Jesus que o Novo Testamento nos oferece, e devemos observar o fato — tão importante que será repetido inúmeras vezes neste livro — que a verdade é o *todo*. Perdemos a verdade se nos contentarmos com seus fragmentos.

Os Evangelhos nos oferecem um bom exemplo disso dando-nos quatro relatos de Jesus que se complementam um ao outro como as lembranças de quatro pessoas sobre um amigo que partiu oferecem uma visão mais completa do que a de uma única pessoa. Sobre a questão da sua origem, Mateus remonta a linhagem de Jesus até Abraão, e ao fazer isso ele, na verdade, nos diz que só podemos compreender Jesus se reconhecermos que ele era um perfeito judeu. Marcos acrescenta: sem dúvida, mas ao mesmo tempo só podemos compreender Jesus se percebermos como ele viveu singularmente sua condição de judeu; assim Marcos omite totalmente a linhagem e inicia o seu relato com o batismo de Jesus. Então chega Lucas para colocar um manto sacerdotal sobre a individualidade de Jesus, começando a sua narração com a visita do arcanjo Gabriel ao sacerdote Zacarias, enquanto este realizava suas

A ALMA DO CRISTIANISMO

funções no Santo dos Santos. Lucas narra como Gabriel anunciou que Isabel, mulher de Zacarias, daria à luz João, que iniciaria Jesus em seu ministério com o batismo. Finalmente, temos João, que — sem negar nenhum dos anteriores — diz que só podemos compreender Jesus se omitirmos a sua condição e dimensão: "No princípio era o Verbo [*Logos*, uma palavra grega que os cristãos usavam para se referir a Cristo] e o Verbo estava com Deus e o Verbo era Deus. Tudo foi feito por meio dele e sem ele nada foi feito." Essa fórmula compacta condensa tudo em Cristo. Ele é o início do mundo e o seu fim. Ele é o recipiente em que Deus derrama a si mesmo totalmente e desce às profundezas mais inferiores da criação, onde ele reúne tudo novamente em si mesmo e o preenche até o final dos tempos. São necessários os quatro Evangelhos para nos dizer quem/o que Jesus foi e é em toda sua plenitude.

A MENTE DA IGREJA

Não foi a *mente* dos discípulos que primeiro se sentiu atraída para Jesus. Como vimos, foi a *experiência* que tiveram — a experiência de viver na presença de alguém cujo amor desprendido, alegria cristalina e poder sobrenatural se uniam de um modo que para eles constituía um mistério divino. Não seria necessário muito tempo, porém, para que os cristãos sentissem a necessidade de compreender essa experiência para poder explicá-la a si mesmos e aos outros; o seu mistério permaneceria, mas se a inteligência deles operasse de modo correto, ela poderia ajudá-los a aprofundar a experiência. Surgiu então a teologia cristã, e desse momento em diante a Igreja tornou-se cabeça e também coração. No entanto, o secularismo pôs a teologia na defensiva, e por isso, antes de exami-

A História Cristã

nar o conteúdo da teologia cristã, precisamos analisar a importância dessa disciplina em si.

Atualmente as pessoas se orientam mais para a psicologia e a ética do que para a teologia e a metafísica; elas dão mais valor ao Sermão da Montanha do que aos argumentos teológicos de São Paulo, de Santo Agostinho e de Santo Tomás de Aquino. Isso é compreensível, mas não altera o fato de que reduzir religião a psicologia e ética é desvirtuá-la. "Os modernos estão de fato em melhores condições com as teorias da psicologia do que com as posições firmes de Jeremias ou Jesus?" pergunta retoricamente Robert Coles, psiquiatra de Harvard. A religião deve incluir um apelo à vida correta, mas seus olhos não se fixam fundamentalmente nesse apelo. A atenção focal da fé dirige-se a uma visão da realidade que põe a moralidade em movimento, quase como um subproduto.

A religião começa com a experiência — do ritual, da crença e da experiência, e (para fazer eco à cadência do aforismo de São Paulo) a maior delas é a experiência. A experiência de coisas que nos inspiram dá origem a símbolos à medida que a mente se empenha em pensar sobre essas coisas invisíveis, inspiradoras. Os símbolos, porém, são ambíguos; por isso a mente acaba introduzindo pensamentos para resolver as ambiguidades dos símbolos e sistematizar intuições. Lendo essa sequência de trás para a frente, podemos definir teologia como a sistematização de pensamentos sobre os símbolos produzidos pela experiência religiosa. O que vem a seguir é uma exposição dos pontos que sustentam a teologia cristã: a encarnação, a expiação, a trindade, a vida eterna, a ressurreição do corpo, o inferno e o nascimento de Jesus de uma virgem.

A ALMA DO CRISTIANISMO

A Encarnação

Entre as religiões reveladas, o cristianismo é a única que não se satisfaz em apenas justapor o Absoluto e o contingente, o divino e o humano; ela os une desde o princípio. O prólogo do livro de João atesta: "No princípio era o Verbo... e o Verbo era Deus." Assim o mistério da encarnação (e da redenção que dela decorre) é inerente ao cristianismo desde o início. Mas foram necessários vários séculos para que a Igreja tomasse consciência e descrevesse a estrutura desse mistério.

A doutrina da encarnação afirma que Cristo era Deus-homem; ao mesmo tempo plenamente Deus e plenamente homem. Dizer que essa asserção é paradoxal é um modo benévolo de colocar a questão — ela mais parece uma flagrante contradição. Se a doutrina sustentasse que Cristo era meio humano e meio divino, ou que ele era divino em certos aspectos e humano em outros, nossa mente não se espantaria. Mas essas concessões são precisamente o que os credos da igreja — formulações de crenças canônicas recitadas em serviços de culto — se recusam a admitir. Nas palavras do Credo da Calcedônia, elaborado no século V, Jesus Cristo era "a um só tempo pleno na natureza divina e pleno na natureza humana, verdadeiramente Deus e verdadeiramente homem, da mesma essência que o Pai quanto à sua divindade e ao mesmo tempo da mesma essência que nós quanto à sua natureza humana, igual a nós em todos os aspectos, exceto no pecado".

A Igreja sempre admitiu que essas declarações são obscuras, mas ela se recusa a deixar que essa seja a última palavra sobre o assunto. Na verdade, a ciência assume a mesma posição. As anomalias da física avançada provocaram o famoso "resmungo" de J.B.S. Haldane: "o universo é não só mais esquisito do que imagi-

A História Cristã

namos, mas ainda mais esquisito do que *possamos* imaginar"; e normalmente se diz que o único problema com a física quântica (cuja precisão foi testada à exaustão) é que ela viola o senso comum; ela é contra-intuitiva. Em mais de um campo, parece, a realidade é demasiado estranha para ser compreendida pela lógica, e quando a lógica e as evidências se entrechocam, é prudente ficar com as evidências, porque elas contêm em si a possibilidade de levar a uma lógica mais ampla, enquanto a abordagem oposta fecha as portas à descoberta.

Quando sugerimos que foram as evidências que forçaram os cristãos a afirmar, desafiando a lógica, que Cristo era simultaneamente homem e Deus, é claro que estamos falando da experiência religiosa — intuições da alma a respeito das questões últimas da existência. Essas evidências não podem ser apresentadas como uma obviedade que obriga a concordar, pois elas não se dirigem aos registros sensoriais. Mas, se tentarmos, conseguiremos chegar a pelo menos um indício das direções experienciais que os cristãos estavam seguindo.

Não há meio de compreender os credos sem vê-los sobre o pano de fundo do Mediterrâneo onde eles foram elaborados. Podemos começar com os deuses que povoavam o mundo: as divindades do Olimpo eram seres humanos em dimensões maiores, com fraquezas em comum e em grande escala. Obviamente, o Deus dos cristãos não se encaixava nesse modelo, fato que a doutrina da encarnação, formulada pela Igreja primitiva, deixou muito claro.

O primeiro credo é o Credo dos Apóstolos, que deriva seu nome da suposição (impossível de verificar) de que foram os discípulos de Jesus que o criaram. Como seu tema era a união Deus-homem, ele naturalmente precisava referir-se a esses dois pólos, mas a forma como o fez é surpreendente. Contrapondo-se a toda lógica, ele

125

era uma afronta naquela época como é ainda hoje, mas de modo diferente. O que achamos difícil de acreditar atualmente é que Jesus fosse divino, ao passo que no mundo greco-romano era a sua humanidade que precisava ser defendida.

No ano 325, quando o imperador Constantino convocou o Concílio de Nicéia para decidir se Cristo era da mesma substância de Deus ou apenas de uma substância *semelhante*, trezentos bispos, com seus assessores, afluíram de todo o Império num frenesi de grande inquietação. Eles devem ter constituído um quadro muito estranho à vista, pois muitos ainda apresentavam olhos vazados, rostos desfigurados e membros contorcidos ou paralisados devido às perseguições de Diocleciano. É evidente que suas deliberações envolviam muito mais do que meros debates forenses. Esse não era simplesmente um debate eclesiástico.

A decisão de Nicéia de que Cristo era "da mesma substância que o Pai" estabelecia alguma coisa tanto sobre Jesus como sobre o Pai. Veja primeiro o que ela estabelecia sobre Jesus:

Dentre os muitos significados possíveis da palavra "Deus", nenhum é mais importante do que "aquele a quem devemos nos entregar sem reservas". Ao afirmar que Jesus era Deus, uma das coisas que a Igreja estava dizendo era que a vida de Jesus é o modelo perfeito dessa auto-entrega — em outras palavras, o exemplo perfeito segundo o qual os seres humanos devem orientar sua vida. A imitação servil de detalhes nunca é criativa, mas na medida em que o amor de Cristo, sua liberdade e a beleza cotidiana da sua vida podem encontrar paralelos autênticos na nossa própria vida, somos transportados na direção de Deus, pois esses traços são autenticamente divinos.

Tudo isso é óbvio. Mas quando entramos mais profundamente na doutrina da encarnação, precisamos estar preparados para surpresas.

A História Cristã

Como observamos acima, embora o anúncio cristão da encarnação — de um Deus-homem — fosse tão surpreendente na sua época como é na nossa, o choque tem relação com pólos diferentes. Como achamos perturbadora a idéia de que um ser humano possa ser divino, entendemos que o aspecto chocante da encarnação é ela afirmar que Jesus era Deus. Naquele mundo, porém, onde a linha divisória entre o humano e o divino era de tal modo permeável que até imperadores alegavam rotineiramente ser divinos, a proposição de uma seita combativa de que seu fundador era divino não causava estranheza. "E então, qual é a novidade?" teria sido a resposta comum, despreocupada.

A doutrina da encarnação enunciava que havia algo novo na mensagem cristã: a proclamação do *tipo* de Deus que Deus era, conforme demonstrado pela disposição de Deus de assumir uma forma humana e de viver uma vida humana. Essa disposição, associada ao caráter da vida de Jesus, criou uma compreensão diferente — na verdade, radical — da divindade que abalou o mundo mediterrâneo e o pôs em alerta. Nessa nova visão, Deus se *preocupava* com a humanidade, o suficiente para sofrer por ela. Isso era algo inédito, a tal ponto que a reação foi de descrença, seguida de alarme. Aos olhos dos conservadores ameaçados, essa blasfêmia, associada às idéias sociais radicalmente igualitárias dos cristãos, justificava a perseguição para eliminar a nova seita, e os cristãos foram forçados a se esconder nas catacumbas. Os cristãos tinham consciência do caráter inovador da sua teologia, tanto que raramente se referiam a Deus sem deixar bem claro que falavam do "Deus Pai de nosso Senhor Jesus Cristo".

Quanto ao que a doutrina da encarnação afirma sobre Cristo, aqui também ela chocou o mundo mediterrâneo. Em vez de gastar muitas palavras falando da natureza divina de Jesus, o Credo dos

A ALMA DO CRISTIANISMO

Apóstolos estabelecia sua natureza humana plena. (Mais tarde, quando Ário entra em cena, afirmando que a substância de Jesus era semelhante, mas subordinada à de Deus, esse desequilíbrio precisou ser corrigido; o Credo de Nicéia fez essa correção e o arianismo foi declarado herético.) Mas aqui interessa-nos o Credo dos Apóstolos, cujo segmento mais relevante diz:

> Creio em Deus Pai todo-poderoso, criador do céu e da terra, e em Jesus Cristo nosso Senhor, que foi *concebido* pelo Espírito Santo, *nasceu* da Virgem Maria, *padeceu* sob Pôncio Pilatos, foi *crucificado, morto* e *sepultado...*

Com que casualidade esse Credo Apostólico alude à natureza divina de Cristo — que, como vimos, não precisava ser defendida nessa época — e como ele reitera aspectos de sua natureza humana. Jesus realmente *nasceu,* diz o credo; ele realmente *sofreu,* ele realmente *morreu* e foi *sepultado.* Esses episódios não eram um simples faz-de-conta, uma seqüência pela qual Deus apenas fingiria elevar a condição humana. Cristo suportou essas experiências tão plenamente quanto nós as suportamos. Ele foi "verdadeiramente homem".

Não é difícil ver por que (mesmo à custa de imenso embaraço lógico) a Igreja sentiu a necessidade de preservar a natureza humana de Cristo. Uma ponte deve tocar as duas margens, e Cristo era a ponte que unia a humanidade a Deus — "Deus se tornou homem para que o homem pudesse se tornar Deus", foi a forma que o bispo Irineu encontrou para expor essa questão. Jesus Cristo, indiscutivelmente divino, tinha de ser também absolutamente humano, até o nível biológico, celular, para que sua divindade impregnasse nossa humanidade. Os cristãos poderiam ter moderado uma ou outra das alegações e poupado a lógica, mas somente à custa de trair o imperativo da encarnação.

128

A História Cristã

A Expiação

Voltando-nos para a doutrina da expiação, a crença fundamental do cristianismo, sabemos que seu significado original remete para *reconciliação,* o resgate da plenitude e da unidade essencial. Os primeiros cristãos estavam convencidos de que a morte de Cristo havia realizado uma reaproximação sem igual entre Deus e a humanidade para reparar a trágica separação que ocorrera entre os dois — de algum modo, esse ato havia restabelecido as boas relações com Deus. Para eles, as palavras do profeta Isaías — "Ele foi trespassado por causa das nossas transgressões; por suas feridas fomos curados" — antecipavam as palavras de São Paulo: "Pois era Deus que em Cristo reconciliava o mundo consigo."

Como podemos compreender isso? Para responder a essa pergunta precisamos reapresentar um aspecto que foi abordado na Parte Um deste livro, aqui subdividindo-o em três pontos:

- Como não existe comensurabilidade entre o Infinito e o finito, a mente humana não consegue compreender exatamente o que acontece nos procedimentos de Deus com relação à humanidade. Isso impede que saibamos exatamente *como* a morte de Cristo na cruz realizou a reconciliação entre o homem e Deus.

- Para tentar entender o que aconteceu, precisamos de uma *fórmula.* Aqui novamente a ciência aponta o caminho. Os cientistas sugerem que se queremos entender o que é um átomo, precisamos visualizar os seus elétrons como bolas de tênis girando ao redor de um centro, o núcleo do átomo. Como artifício heurístico — um recurso de ensino — essa imagem é boa como qualquer outra, mas seria um erro pen-

A ALMA DO CRISTIANISMO

sar que um átomo é realmente assim. No presente caso, a fórmula para a expiação é: "Deus estava em Cristo reconciliando o mundo consigo."

- Fórmulas precisam ser interpretadas. Essa interpretação é múltipla — quase todo teólogo importante tentou interpretar a reconciliação, e essas interpretações parecem ângulos dos quais podemos observar um edifício. Uma interpretação que se tornou bastante conhecida, especialmente nos primeiros séculos da Igreja, é de ordem legal. Desobedecendo voluntariamente às ordens de Deus de não comer o fruto proibido do Éden, Adão pecou. Como se tratou de um pecado dirigido contra Deus, suas proporções foram infinitas. Os pecados precisam ser compensados, pois do contrário a justiça de Deus ficaria comprometida. Um pecado infinito exige uma compensação infinita, e essa só podia ser realizada por um Ser Infinito, Deus, assumindo vicariamente a nossa culpa e pagando a penalidade extrema correspondente a esse pecado: a morte. Deus efetuou esse pagamento por meio da pessoa de Cristo e a dívida foi cancelada.

Quando a mente da Igreja teve uma disposição diferente, esse entendimento da expiação mostrou-se importante, embora Agostinho, no início do século V, chegasse a acreditar que a visão de um Deus vingativo era indigna do Pai celestial e assim ele abandonou essa teoria de "resgate" sobre a morte de Cristo. De qualquer modo, essa teoria pede outras interpretações, e nós abordaremos aquela que se assemelha à que Abelardo, filósofo e teólogo francês, propôs um milênio depois de Cristo.

Nossa teoria nos remete ao princípio. Deus criou os seres humanos puros, como relata a história do Jardim do Éden. Em algum

A História Cristã

momento, porém, ocorreu uma ruptura que separou os seres humanos de Deus. Em geral se diz que a causa dessa ruptura foi o pecado, e isso não está errado; mas um teólogo ortodoxo atual, Philip Sherrard, situa a questão numa perspectiva mais ampla, que vale a pena transcrever mais extensamente:

> Podemos compreender melhor a queda não como um desvio moral ou como uma decadência a um estado carnal, mas como um drama de conhecimento, como um deslocamento e degradação da nossa consciência, um lapso em nossos poderes de percepção e cognição — um lapso que nos separa da presença e da percepção de outros mundos superiores e nos aprisiona na fatalidade da nossa existência solitária neste mundo. É esquecer a função simbólica de cada forma e ver nas coisas não sua realidade dual, simbólica, mas simplesmente sua dimensão não-espiritual, sua aparência psicofísica ou material.
>
> Nosso crime, prolongando o de Adão, é a perda do sentido dos símbolos; porque perder o sentido dos símbolos é ser colocado diante da nossa própria escuridão, da nossa própria ignorância. Esse é o exílio do Paraíso, a condição da nossa humanidade decaída; e é a conseqüência de nossa ambição de estabelecer nossa presença exclusivamente neste mundo terrestre e afirmar que a nossa presença neste mundo, e exclusivamente neste mundo, corresponde à nossa natureza real como seres humanos. Na verdade, chegamos ao ponto não apenas de pensar que o mundo que percebemos com a nossa consciência do ego é o mundo natural, mas também de pensar que nosso estado decaído, subumano, é o estado *humano* natural, o estado que corresponde à nossa natureza de seres humanos. E falamos em adquirir

A ALMA DO CRISTIANISMO

conhecimento do mundo natural quando nem ao menos sabemos o que acontece na mente de uma bolota.

Esse deslocamento da nossa consciência que define a queda talvez fique mais claramente evidente no divórcio que promovemos entre os mundos espiritual e material, o incriado e o criado, e em nosso pressuposto de que podemos conhecer um sem conhecer o outro. Se chegamos a reconhecer o reino espiritual, tendemos a considerá-lo como algo bem diferente do reino material e a negar que o divino está inalienavelmente presente nas formas naturais ou que pode ser conhecido apenas por meio de uma percepção direta que não passa pelo mundo natural — como se a existência desse mundo fosse, espiritualmente falando, negativa e sem conseqüência no que diz respeito à nossa salvação.

O que provocou esse deslocamento — ou melhor, *quem* o ocasionou? — pois no mundo bíblico o mal não é um conceito abstrato. É alguém que entrou no Jardim do Éden disfarçado de serpente, uma cobra na relva. Ele tem vários nomes — Belzebu, Satã e Demônio estão entre os mais conhecidos — e títulos, como Príncipe das Trevas, Regente deste Mundo e Adversário. No deserto, depois do batismo de Jesus, Satã tentou-o a transformar pedras em pão, a mostrar seus poderes sobrenaturais pulando do telhado do Templo e a herdar os esplendores do mundo adorando a ele, Satanás. Jesus precisou lutar vigorosamente para dominar essas tentações, o que mostra que Satã tem grande poder. Como ele chegou a isso?

O mal é uma capacidade, e capacidades contam no contexto da vida. Uma vaca é apenas uma vaca; critérios morais não se aplicam a ela. Um cão pode se comportar melhor ou pior do que outros. Uma criança pode ter bom coração ou ser mesquinha, mas é preci-

A História Cristã

so ser adulto para maquinar e causar o mal. Agora: Satã era um anjo, e mesmo depois da sua queda manteve os poderes próprios dos anjos. O livre-arbítrio é um desses poderes, e Satã abusou do seu tentando usurpar o lugar de Deus, e assim se tornou o Anjo Caído. O seu projeto estava condenado desde o início e em princípio, porque substituir Deus é uma impossibilidade lógica. Mas ele chegou perto, porque embora moralmente defeituoso ele estava no topo da hierarquia angelical e tinha um poder enorme. Desse modo ele se tornou o segundo no comando, por assim dizer — o Príncipe das Trevas. Começando por se disfarçar como serpente no Jardim do Éden, ele tirou a humanidade — e também a história e a natureza — do Jardim e fechou seus portões atrás delas. É assim que as coisas estão agora, em "trevas exteriores" e sob os "principados e poderes", condenados com toda veemência por Paulo. É onde permanecerão até o fim dos tempos. Jamais pode haver uma síntese harmoniosa entre Cristo e cultura, porque sob o influxo de Satã a cultura é sempre "excêntrica" no sentido exato do termo — fora de centro — e se comporta como um carrinho de supermercado quando é empurrado pelo lado errado. Os cristãos vivem em território ocupado, o território que serviu de amortecedor para a encarnação. Outro termo para esse amortecedor é "ordem estabelecida", para a qual Kierkegaard reservou a sua sátira mais ferina. Perguntando se o *establishment* podia assegurar sua salvação eterna, Kierkegaard deixa que ele mesmo responda:

> Certamente! E se no final você se deparar com algum obstáculo, providencie para que quando chegar sua última hora, você seja bem embalado e acondicionado num dos grandes embarques que a ordem estabelecida envia direto ao céu, com seu próprio selo e claramente endereçado à "Bem-aventurança Eterna". Você pode estar seguro de que será

tão bem recebido e tão abençoado exatamente como todos os demais que são admitidos. Em resumo, a ordem estabelecida assegura categoricamente sua bem-aventurança no outro mundo.

Depois que Satã desceu e delimitou seu território ocupado, o que Deus fez? Sendo onipotente, ele poderia ter derrotado Satã e suas forças com uma penada, por assim dizer, exatamente como no início podia ter varrido Satã do mapa no instante mesmo em que ele se rebelou. Mas essa não era uma opção para Deus, pois (como vimos anteriormente) isso teria exigido que ele mantivesse a existência para si mesmo — acumulando-a, por assim dizer. E como não podem existir dois deuses, isso significaria criar um mundo imperfeito e dar a ele suas rédeas. Assim, como Deus não podia forçar Satã e seus sequazes a se render, a única opção que lhe restou foi *convencer* esses sequazes a desistir de pecar e voltar-se para o bem. Convencê-los a se arrepender, o que não significa apenas sentir-se pesaroso: exige que se volte atrás — uma marcha à ré em velocidade total — e inverter a tendência humana para seguir o seu próprio caminho.

Como Deus pôde fazer isso? A história de um monge zen do século XX mostra a direção.

O monge vivia recluso numa choupana na encosta de uma montanha. Suas únicas posses eram um manto, sandálias de palha e a tigela com a qual mendigava num vilarejo próximo. O único haicai que restou dos que ele compôs dá uma mostra da sua liberdade dos apegos, uma característica que atraía a admiração dos moradores do vilarejo. Na noite depois que um ladrão roubou as suas sandálias e a

A História Cristã

sua tigela, ele escreveu: "A lua ainda brilha/na minha janela. Não levada/pelo ladrão."

Certo dia, quando o monge fazia sua caminhada diária em busca de alimento, uma mãe convidou-o a entrar em sua casa e almoçar com ela e o filho, a quem (ela explicou antes de entrarem na casa) ela esperava que o monge pudesse endireitar, porque o rapaz era um delinqüente e, sem dúvida, enfrentaria problemas.

Quando o rapaz foi chamado à mesa, ele mal percebeu a presença do monge e permaneceu carrancudo durante toda a refeição. O monge também ficou em silêncio enquanto comiam. Mas quando o monge estava se preparando para ir embora, o filho resolveu cumprir seu dever e amarrar as sandálias do religioso. Quando ele se abaixou, sentiu uma gota quente sobre sua cabeça. Olhando para cima, ele viu lágrimas escorrendo pelo rosto do monge, cuja compaixão pelo que estava reservado para o jovem transformou o delinqüente, que se emendou.

Essa história verdadeira oferece um belo exemplo da "força que se manifesta na fraqueza" que São Paulo exaltou, e ela dá o tom correto para a interpretação que estou tentando dar à expiação. À parte Deus, que *é* amor, o amor é (como foi dito) uma resposta ao amor que chega, e a demonstração mais intensa de quem envia o amor é deixar que o recebedor saiba que o remetente sofre a mesma dor de quem recebe — no caso de Deus infinitamente, porque não há meio-termo no que se refere a Deus. Assim, Deus se encarnou, assumindo um aspecto humano em que ele podia sofrer, e sofreria. Encarnado, ele suportou voluntariamente a morte mais agonizante conhecida naquele tempo para romper a casca de cada recipiente e tornar as pessoas conscientes de que são amadas.

A ALMA DO CRISTIANISMO

Na verdade, a agonia de Deus começou com a inserção da sua infinitude na diminuta mochila de um ser humano (se podemos descer a uma analogia tão imprópria), à qual associo uma história pessoal.

Trabalhei durante um semestre como professor visitante na Villanova University. Como ela é uma universidade de orientação católica romana, decidi "agir em Roma como os romanos" e participar da missa da manhã de domingo numa igreja nas proximidades do meu apartamento. A liturgia dessa paróquia, porém, se revelou inovadora além da minha capacidade de aceitação. Então, no domingo seguinte, procurei nas redondezas uma paróquia da Igreja Alta Anglicana. E parei por aí.

Acontece que precisei submeter-me a uma cirurgia de hérnia no decorrer do semestre — isso num tempo em que uma cirurgia era um procedimento mais complexo do que os procedimentos a laser atuais — e tendo recebido instruções para apressar minha recuperação mantendo-me o mais ativo possível, peguei a bengala que me havia sido dada e caminhei três quarteirões até a igreja. Achei a distância consideravelmente mais longa nesse domingo do que no anterior, e quando cheguei na igreja estava me sentindo bastante desconfortável. Isso me pôs numa boa posição para ouvir o sermão daquela manhã, intitulado "O Horror da Encarnação". O vigário pediu à congregação que tentasse imaginar o horror que aguardava a Divindade quando ela foi forçada a enfiar sua infinitude numa camisa-de-força de uma estrutura mortal, com seus inumeráveis problemas, físicos e emocionais. Eu não tinha dúvidas de que naquela manhã de domingo eu era a pessoa da congregação em melhores condições para sentir na carne o que o pregador dizia.

Tudo isso mostra por que a cruz é o símbolo central do cristianismo. O simbolismo manifesto de uma cruz é tão evidente — seu braço vertical unindo céu e terra, e seu braço horizontal simboli-

A História Cristã

zando uma pessoa que lança os braços em direção aos outros —
que chega quase a ser um símbolo universal. Mas em qualquer
lugar do mundo onde vemos uma cruz no alto de uma construção,
sabemos que estamos na presença de uma igreja cristã. Como os
cristãos perscrutaram as profundezas da cruz para torná-la *sua* assinatura característica? Procuremos compreender.

Todos sabem que Jesus proferiu sete "palavras" enquanto permaneceu na cruz:

- Aos homens que convenceram Pilatos a crucificar Jesus: "Pai,
  perdoa-lhes, porque não sabem o que fazem."

- Ao ladrão crucificado ao seu lado que admitia ser culpado
  mas disse ao ladrão no outro lado de Jesus, que o homem
  que estava entre eles era inocente: "Hoje mesmo estarás comigo no paraíso."

- Ao confiar seu discípulo amado João à sua mãe que chorava
  aos pés da cruz: "Mulher, eis aí teu filho."

- "Deus meu, Deus meu, por que me abandonaste?"

- "Tenho sede."

- "Está consumado."

- "Pai, em tuas mãos entrego o meu espírito."

Por mais intensas e pungentes que essas palavras sejam, elas
não são a última palavra. A palavra *da* cruz é mais eloqüente e
pungente do que as palavras que Jesus falou *na* cruz. Se articula-
mos o que a própria cruz diz, obtemos mais ou menos o seguinte:

Refreie sua língua. Mantenha a boca fechada; em linguagem rude, cale a boca. Cale-se e observe, apenas. Enquanto observa, lembre-se de que a agonia que vivi durante as três horas em que fiquei pendurado na cruz foi para a sua salvação, para redimir os seus pecados.

Há alguma coisa mais que eu poderia ter feito para demonstrar quanto eu o amo? Se isso não o sensibilizar, não há mais nada que eu possa fazer para alcançar meu objetivo.

Anne Lamott trata dessa questão de modo coloquial. Para qualquer queixa imaginável que possamos ter, Jesus diz: "Sim, sim! Eu também."

Os Padres da Igreja tinham plena consciência de que a palavra da cruz era a mais eloqüente, não apenas que Deus já falara, mas aquilo que Deus *poderia* falar, razão pela qual eles identificaram Cristo crucificado com a Boa-nova. Nas palavras de um hino conhecido:

Quando contemplo a cruz prodigiosa
Em que o Príncipe da Glória morreu,
Meu maior ganho não foi senão perda
E extravaso desprezo em todo meu orgulho.

Inácio de Antioquia, um dos primeiros Padres da Igreja, antecipou esse hino afirmando, simplesmente: "Meu desejo foi crucificado."

Finalmente, a palavra da cruz não é proferida no tempo passado. Cada vez que maltratamos o pobre, cada vez que poluímos o planeta que Deus nos deu, na verdade cada vez que agimos egoisticamente, Deus morre despido na cruz do nosso ego. Uma mulher foi entreouvida recentemente dizendo para sua amiga que quando ela olhava para o mundo, mal conseguia acreditar no estado estarrecedor em que ele se encontra. Mas ela logo suspirou e acrescentou suavemente, como se falasse consigo mesma: "Tenho muita pena de Deus! Pobre Deus!"

O sofrimento de Cristo sensibilizou as pessoas? Algumas, sim; outras, não. O cristianismo não teria prosperado se não tivesse sensibilizado os discípulos de Jesus e São Paulo, que saíram a pregar a mensagem paradoxal de que Cristo crucificado *era* a Boanova. E ele sensibiliza os cristãos hoje, que vêem a Igreja como a família dos que ouviram a palavra da cruz e continuam a dar-lhe atenção.

A Trindade

A doutrina cristã fundamental seguinte é a da Trindade. Ela afirma que Deus, embora sendo plenamente um só, é também três. A segunda parte dessa proposição leva judeus e muçulmanos a se perguntar se os cristãos são realmente monoteístas; os cristãos estão convencidos de que são. A substância representada pela fórmula H_2O pode ser sólida, líquida ou gasosa, sem perder sua identidade química.

O que levou os primeiros cristãos a adotar essa visão atípica de que Deus é um só em três pessoas iguais e distintas? Como sempre acontece nesses casos, a idéia teve uma base empírica. A doutrina teológica da Trindade só foi elaborada no século IV, mas as experiências que a prepararam são as da Igreja primitiva; na verdade, elas *geraram* a Igreja. Como?

Na condição de judeus, os discípulos de Jesus afirmavam a existência de Yahweh sem nenhuma contestação. Mas, como vimos, eles passaram a ver Jesus como Yahweh assumindo forma humana para entrar no mundo fisicamente. E então houve Pentecostes e a descida do Espírito Santo sobre os discípulos.

Foi assim que os discípulos chegaram à compreensão de um Deus em três pessoas; uma vez consolidada essa compreensão, eles a projetaram para o princípio dos tempos. Se o "triângulo" divino tem três "lados" agora, raciocinaram eles, então ele *sempre* deve ter tido três lados. O Filho e o Espírito Santo haviam procedido primordialmente, mas não temporalmente, do Pai; os três estavam juntos desde o início. Depois de compreenderem a multiplicidade na natureza divina, os cristãos não conseguiam mais imaginar um Deus pleno e total sem ela.

Mencionamos que as outras duas religiões abraâmicas contestam essa teologia, mas os cristãos a amam. Amor é relacionamento, dizem eles, e o amor é incompleto se não há alguém a quem se possa amar. Portanto, se o amor não é apenas um dos atributos de Deus, mas na verdade a própria essência de Deus — e talvez a missão cristã na história seja justamente afirmar esse ponto —, então em momento algum Deus poderia ter sido realmente Deus sem ter relacionamentos, exigência essa que foi cumprida "antes da formação do mundo", como disse Paulo aos Efésios. Já citamos as palavras de João de que o Verbo (isto é, Jesus) estava com Deus no princípio, e na eternidade os relacionamentos são lógicos, não seqüenciais, porque o tempo não afeta a eternidade. E isso ressoa em todos os aspectos da história cristã, como nas palavras de John Tauler de que "o Pai gera o Filho na Eternidade" — Tauler foi um pregador dominicano respeitado por seu trabalho incansável entre os doentes e moribundos durante a Peste Negra. A Divindade é uma sociedade de três pessoas divinas que se conhecem e se amam tão completamente que não apenas nenhuma pode existir sem a

A História Cristã

outra, mas de algum modo misterioso cada uma *é* o que as outras são. Assim, o Credo de Nicéia afirma:

> Cremos em um só Deus, Pai todo-poderoso, e em um só Senhor, Jesus Cristo, Filho unigênito de Deus,... e no Espírito Santo, Senhor que dá a vida, e que procede do Pai e do Filho, e com o Pai e o Filho é adorado e glorificado.

Na última parte da *Divina Comédia**, Dante apresenta a tese de Deus uno e trino de forma poética:

> *Aquela luz suprema, em sua insondável*
> *Clara substância, mostrou-me três esferas, que revelam*
> *Três aspectos distintos, ocupando um único espaço.*
>
> *A primeira espelhava a seguinte, como se fosse*
> *Arco-íris de arco-íris, e a terceira parecia chama*
> *Exalada igualmente de cada uma do primeiro par.*

São Velimirovich também se expressou de forma quase tão poética:

> Dentro de mim as três Hipóstases se abrem ao mesmo tempo. O Pai não existe sem o Filho e o Filho não existe sem o Espírito Santo. Quando me deito às margens do meu lago Ochrid e durmo inconscientemente, não morre dentro de mim a consciência, nem a vontade, nem a ação — antes, todas elas fluem para uma unidade abençoada, indistinta, como um nirvana. Quando o Sol derrama seus raios dourados sobre o lago, eu desperto não como uma unidade

---

* Publicado pela Editora Cultrix, São Paulo, 1965.

A ALMA DO CRISTIANISMO

nirvânica, mas como uma triunidade de consciência, vontade e ação. Essa é a história da minha alma, Ó Senhor, intérprete da minha vida.

Vou finalizar essa reflexão sobre a Trindade com uma nota pessoal. Tive a felicidade de ter Czeslaw Milosz, um dos grandes poetas do nosso tempo, como vizinho e amigo durante vários anos. Seu poema sobre "O Imperador Constantino" se encaixa muito bem aqui.

Eu podia ter vivido no tempo de Constantino.
Trezentos anos depois da morte do nosso Salvador,
De quem nada mais se sabia senão que ele havia
*   ressuscitado*
Como um Mitra refulgente entre legionários romanos.
Eu teria testemunhado o debate entre homoousios e
*   homoiousios*
Sobre a natureza de Cristo ser divina ou apenas parecer
*   divina.*
Provavelmente eu teria votado contra os trinitários,
Pois quem jamais poderia desvendar a natureza do Criador?
Constantino, Imperador do Mundo, pretensioso e assassino,
Exerceu seu poder no Concílio de Nicéia,
Para que nós, geração após geração, meditemos sobre a
*   Santíssima Trindade,*
Mistério dos mistérios, sem o qual
O sangue do homem teria sido estranho ao sangue do
*   universo*
E o derramamento de Seu próprio sangue por um Deus
*   sofredor, que ofereceu a Si mesmo*
Como sacrifício mesmo quando Ele estava criando o mundo,
*   teria sido em vão.*

A História Cristã

Assim Constantino foi um mero instrumento indigno,
Inconsciente do que estava fazendo para pessoas de tempos
  distantes.

E nós, sabemos para o que estamos destinados?

Vida Eterna

Outra doutrina central do cristianismo é a da vida eterna — uma doutrina com a qual muitas pessoas se debatem atualmente. Como vimos, a modernidade surgiu com a descoberta da ciência empírica, para a qual a matéria (único objeto da ciência) é a realidade fundamental no universo, e a consciência — em termos mais gerais, senciência, mas manteremos a palavra convencional — é um epifenômeno, totalmente dependente da matéria. Isso é um erro: como vimos anteriormente, a ciência interpretou erradamente a ausência de evidência com relação ao que existe fora do seu âmbito como evidência de ausência — isto é, como prova de que aquilo com que ela não consegue lidar não existe. A verdade é que a consciência é o fundamento das coisas. E exatamente como a matéria não pode ser destruída — ela pode variar entre materialidade e energia, mas não pode ser aniquilada — o mesmo se aplica à consciência. As imagens na tela do televisor mudam, mas a luz do monitor está sempre presente para iluminá-las. Do mesmo modo, a vida é eterna.

Isso pode não ser coisa boa para todos. Quem vive uma vida infeliz poderia corretamente imaginar que alívio haveria em prolongar a infelicidade para sempre. Mas isso não altera o fato de que a "luz na tela do televisor" nunca se extingue. O conceito de expe-

A ALMA DO CRISTIANISMO

riências infelizes sendo prolongadas para sempre levanta a questão da condenação e do inferno, à qual voltaremos abaixo.

A Ressurreição do Corpo

A doutrina da ressurreição do corpo é um pouco mais complexa do que a da vida eterna. Ressaltamos anteriormente que o corpo ressuscitado de Jesus não era o seu cadáver reanimado nem o corpo ressuscitado referido no Credo dos Apóstolos. São Paulo expressou isso claramente quando afirmou que "carne e sangue não podem herdar o reino de Deus", e Jesus se antecipou a ele. Quando os saduceus, que não acreditavam na ressurreição, tentaram apanhá-lo dizendo que se a ressurreição existisse de fato, viúvas que se casassem novamente encontrariam vários maridos no céu, Jesus respondeu-lhes que no céu não há casamento nem noivado, porque os ressuscitados, como anjos, não têm sexo.

A doutrina da ressurreição do corpo afirma que aquilo que sobrevive à morte não é uma alma desencarnada retirada do corpo como o êmbolo da seringa. Ela se assemelha à *anima* (alma) de Aristóteles, que é o agente que ativa e organiza um corpo, seja esse corpo vegetal, animal ou racional, e acrescenta a esses o corpo *ressuscitado* para que a anima/alma possa trabalhar com eles. A vida eterna não é simplesmente um prolongamento *desta vida* que, como já vimos, muitas pessoas não consideram uma perspectiva atraente. É vida de uma ordem superior à vida na terra; uma vida que só pode ser alcançada por meio da morte e da ressurreição e que, embora possamos e devamos começar a conquistar a partir de agora, só pode ser consumada na eternidade.

A História Cristã

Inferno

O corpo ressuscitado fica no paraíso? Não necessariamente. Satã pode ter seduzido uma alma para si, e nesse caso o corpo ressuscitado dessa alma irá para o inferno, um lugar que para nós talvez seja um mistério ainda maior do que o céu. Normalmente fazemos as seguintes perguntas:

- *Como é o inferno?* O inferno é popularmente descrito como uma fornalha ardente cujo fogo não consome os corpos mas os tortura eternamente. Essa descrição, porém, é apenas uma metáfora; não podemos entendê-la literalmente, porque corpos ressuscitados são incorpóreos, não possuindo carne que possa queimar. (Lembre que ressurreição não é reanimação.) Definido teologicamente, inferno é solidão absoluta — não ter nenhuma relação com nada e ninguém.

Ministrei certa vez um curso sobre Santo Agostinho. Quando chegamos à explicação que ele dá a essa condição, uma aluna a considerou tão aterradora que teve um colapso mental e precisou abandonar a escola pelo resto do semestre. Fui visitá-la, e ela falou em imagens de ficção científica. Seu medo era de que, se fosse condenada, seria banida por toda a eternidade para um planeta distante sem nenhum meio para comunicar-se com nada nem com ninguém. Ela estava vivendo existencialmente o significado teológico do inferno.

- *Quem manda alguém para o inferno?* A resposta é, o próprio indivíduo. O motivo para uma pessoa estar no inferno é que ela se colocou tão sistematicamente à frente dos outros na vida, que sua capacidade de empatia, sua ponte para o próximo, desabou. E ela mesma provocou essa ruína. Sendo apenas o segundo no comando, Satã tem o poder de seduzir, mas não de compelir. Ele não pode nos tirar a liberdade que Deus nos deu.

- *Alguém permanecerá no inferno para sempre?* A resposta é não, porque nada pode tirar-nos a *imago Dei* que é a base da nossa humanidade. Ela continuará enviando-nos sinais. Podemos deixar nossa teimosia abafar esses sinais ou repeli-los, mas apenas por algum tempo. E quando eles começam a tocar-nos, nossa recuperação está em andamento. Eles se acumularão e se tornarão mais fortes.

Uma Virgem dá à Luz

O último dogma da doutrina cristã que abordaremos rapidamente é o do nascimento de Jesus de uma virgem. De modo surpreendente, ele fecha o círculo da teologia cristã. O nascimento de Jesus de uma virgem inicia a teologia cristã e a ressurreição do corpo a conclui, mas os dois fatos têm relação com o corpo.

Continuo repetindo, não podemos saber realmente o que acontece no plano transcendental; podemos apenas tentar apoiar-nos, por meio de fórmulas, no que acontece. O fato de uma virgem dar à luz é uma dessas fórmulas. Ela não nos diz literalmente o que aconteceu no plano físico, anatômico, mas é fácil perceber seu significado metafórico, sua pureza. O recipiente não contamina o que foi derramado dentro dele. Por isso, a doutrina do nascimento de Jesus de uma virgem proclama que Deus entrou na vida mortal sem se contaminar. São Velimirovich expandiu essa doutrina para todos:

A História Cristã

Ó minha alma, minha surpresa eterna, o que aconteceu uma vez no céu (a existência de Deus) e uma vez na terra (o aparecimento do Cristo) deve acontecer a ti. Deves tornar-te uma virgem para que o Espírito de Deus possa apaixonar-se por ti. Todos os milagres no céu e na terra têm origem na Virgem e no Espírito.

APOCALIPSE:
A REVELAÇÃO A JOÃO

À primeira vista, o tema do nascimento de Jesus de uma virgem parece um modo estranho de concluir a história cristã, mas pensando bem, faz muito sentido. Deus deu início à história cristã entrando no útero de Maria; assim, ao voltar a esse evento, este livro completa o círculo da narrativa sobre a história cristã.

O último livro da Bíblia se chama Apocalipse, mas seu título de fato é Revelação a João. Cristo enviou um anjo para revelar a João o que haveria de acontecer em breve, e João enviou o que lhe foi relevado às sete igrejas da Ásia, por meio de cartas, com este prefácio:

> *Eis que Ele vem com as nuvens,*
> *e todos os olhos o verão.*
> *Eu sou o Alfa e o Ômega, diz o Senhor Deus,*
> *"Aquele-que-é, Aquele-que-era e Aquele-que-vem",*
> *o Todo-poderoso.*

João então descreve para as igrejas as circunstâncias da revelação que ele vai relatar. "Encontrava-se na ilha de Patmos", diz ele. "No dia do Senhor fui movido pelo Espírito, e ouvi atrás de mim uma voz forte, como de trombeta, ordenando: 'Escreve o que vês,

A ALMA DO CRISTIANISMO

num livro, e envia-o às sete igrejas.'" Dito isso, João passa a relatar a cada igreja o que lhe foi mostrado e dito para descrever.

Temas comuns perpassam todas as mensagens: Deus conhece a paciência e a perseverança das igrejas, mas também suas fraquezas — que deixaram o amor mútuo diminuir, e assim por diante. Mas a essência das cartas são os relatos do que foi *mostrado* a João. As revelações que lhe foram feitas depois que a voz, como de trombeta, lhe disse: "Sobe até aqui e eu te mostrarei as coisas que vão acontecer", são extraordinariamente visuais. Quando João narra o que lhe foi mostrado (descrevendo sua visão no tempo presente), vemo-nos de volta ao misticismo do trono da experiência de conversão de Paulo. Pois

Eis que havia um trono no céu, e no trono, Alguém sentado... O que estava sentado tinha o aspecto de uma pedra de jaspe e cornalina, e um arco-íris envolvia o trono com reflexos de esmeralda. Ao redor desse trono estavam dispostos 24 tronos, e neles assentavam-se 24 Anciãos, vestidos de branco e com coroas de ouro sobre a cabeça. Do trono saíam relâmpagos, vozes e trovões, e diante do trono ardiam sete lâmpadas de fogo: são os sete Espíritos de Deus. À frente do trono, havia como que um mar vítreo, semelhante ao cristal.

As descrições continuam, mas o enredo do Apocalipse é composto de calamidades iminentes seguidas da salvação final. As calamidades são descritas graficamente. São introduzidas pelos famosos Quatro Cavaleiros do Apocalipse (sendo "apocalipse" sinônimo de "revelação"), que espalham a desgraça por toda a terra. Seus atos são seguidos por flagelos tão numerosos quanto gafanhotos e mais terríveis do que os dragões que se precipitarão sobre

A História Cristã

a terra; a essas torturas serão acrescentados ferroadas de escorpiões e matanças com vapores sulfurosos e fogo. Tudo isso é orquestrado pela "besta" que é o representante de Satã na terra e cujo objetivo último é matar a criança que está destinada a governar a terra.

O objetivo dessas descrições alarmantes é a tentativa de Deus de fazer surgir algum sentimento nas pessoas e levá-las a se arrepender de suas ações e reverter sua afluência em massa rumo à perdição. A esperança não se concretiza, e por isso Deus encerra a história. Seu experimento histórico é um fracasso, poderíamos dizer — mas quando damos um passo atrás e vemos os grandes quadros, percebemos que não foi isso que aconteceu. O último livro do Novo Testamento termina com uma visão triunfal:

> Vi então um céu novo e uma nova terra — pois o primeiro céu e a primeira terra se foram... Vi também descer do céu, de junto de Deus, a Cidade santa, uma Jerusalém nova,... Nisto ouvi uma voz forte que, do trono, dizia: "Eis a tenda de Deus com os homens. Ele habitará com eles; eles serão o seu povo, e ele, Deus-com-eles, será o seu Deus. Ele enxugará toda lágrima dos seus olhos, pois nunca mais haverá morte, nem luto, nem clamor, e nem dor haverá mais.

Assim termina o texto fundamental da história cristã. A tentativa deste livro de narrar essa história numa linguagem contemporânea foi orientada do começo ao fim pelo original bíblico. Agora, depois de mostrar como a narrativa original termina, devo encerrar esta seção.

A ALMA DO CRISTIANISMO

CONCLUSÃO

A história cristã é a história de como "Deus se tornou homem para que o homem pudesse se tornar Deus" (Irineu). Este "tornar-se Deus" acontece individual, comunitária e cosmicamente. As primeiras duas divinizações são mais direções do que destinos — santidade no caso de pessoas individuais e, no caso da Igreja, o grau até o qual, em cada congregação, ela dá vida ao Corpo Místico de Cristo em seu meio.

Cosmicamente, porém, a divinização é categórica e está assegurada desde o princípio, pois pertencemos a Deus e nada pode exceder o Todo-poderoso a quem pertencemos. Se tentamos arquitetar aspectos específicos estamos fora de nossa profundeza desde o início, mas o consenso de séculos de reflexões teológicas parece ser que ela acontecerá no final da história, quando o tempo se encerrar e Deus levar sua criação de volta para si. Ele não a recolherá em sua singularidade. Antes, sua natureza multiforme será mantida com seus resíduos transmutados em ouro.

A questão que permanece é se essa redenção final da história está prefigurada na história, e a resposta é sim. Uma analogia e uma reminiscência são úteis aqui.

A analogia se refere ao firmamento. Esteja ele adornado com formações pitorescas de nuvens, salpicado de estrelas ou tingido de um puro azul empíreo, o céu é invariavelmente sereno e belo; ele pode ser encoberto por pesadas nuvens de chuva, mas estas não afetam o céu em si. E ele está sempre conosco. Mesmo quando está obscurecido, sabemos que ele está lá.

O correspondente temporal do céu é a eternidade. Ela também é serena e bela, enquanto a história é tudo, menos serena e bela. E do mesmo modo que o céu envolve a terra, a eternidade envolve a

A História Cristã

história. Tanto a eternidade como o céu podem tomar a iniciativa de chamar nossa atenção para eles. Mesmo quando a nossa mente está em outras coisas, o céu pode recobrir nossas experiências com a luz do sol ou com a chuva; do mesmo modo, a eternidade pode irromper subitamente nos momentos de nossa experiência com clarões de iluminação.

Ela faz isso mais perceptivelmente dizendo não aos momentos da história. Estamos tão presos à história que esquecemos que, tomada em si mesma, a história é irredimível. Dizer que esperança e história estão sempre a anos-luz de distância é dizer pouco — elas são incomensuráveis, pois entre a finitude e o Infinito não há medida comum. Periodicamente a eternidade entra na história para nos lembrar que a história não pode manter-se sobre seus próprios pés. Primeiro a eternidade pronuncia seu "não" à história imper-manente e depois puxa a história para o seu seio e a envolve com seu "sim" — acolhe-a em sua paz e beleza.

A eternidade também pode invadir nossos momentos de preo-cupação cotidiana como clarões do relâmpago numa noite escura. ("Alguma coisa irrompeu e alguma coisa se abriu./Eu fiquei reple-ta como um odre de vinho novo", disse a escritora Anne Dillard.) Uma amiga nossa, terapeuta, contou-nos recentemente como havia testemunhado uma abertura assim no seu consultório um dia antes:

> Uma cliente chegara para a sessão semanal mais deprimida do que de costume. Ela fizera aniversário naquela semana e não recebera uma única mensagem dos membros da fa-mília com quem ela crescera. Eles haviam se tornado fundamentalistas e achavam que ela estava condenada. "Minha mãe morreu no ano passado, e agora perdi todos

os outros. Isso me deixa péssima", disse ela, tomada de aflição, a ponto de não conseguir chorar.

Então, depois de um silêncio excepcionalmente longo, ela murmurou como se fosse para si mesma: "Alguma coisa está acontecendo comigo." Suas mãos, até esse momento cerradas de raiva, agora pousavam abertas sobre o colo e lágrimas corriam pelo rosto. "Estou sentindo algo maravilhoso. Algo maravilhoso entrou nesta sala. Simplesmente entrou, não é?" Ela começou a rir, embora procurasse controlar-se porque achava inapropriado.

"Vou tomar a iniciativa e escrever para *eles*", disse ela. "Vou enviar-lhes saudações afetuosas como aviõezinhos de papel."

Às vezes, vislumbres da eternidade parecem simplesmente cair do céu no nosso colo, como Czeslaw Milosz registra no seu poema "Dádiva":

Um dia tão feliz.
A neblina levantou cedo. Eu trabalhei no jardim.
Beija-flores pairavam sobre madressilvas,
Não havia nada na terra que eu quisesse possuir.
Eu não conhecia ninguém que valesse a pena invejar.
Todo mal que eu havia sofrido, esqueci.
Pensar que uma vez eu era o mesmo homem não era embaraçoso.
Não sentia dor no meu corpo.
Ao erguer-me, vi o mar azul e barcos a vela.

E de um poeta anônimo:

Estou tão repleto de fantasmas de encantamento
Que poderia reviver e povoar uma estrela distante,

A História Cristã

Assim os deuses poderiam reunir-se para contemplar, e lembrar, e repetir.

E agora passamos das experiências pessoais para as incursões da eternidade na história. Elas vêm à nossa atenção primeiro (como foi dito) no julgamento que pronunciam sobre os planos e projetos da história, pois a matéria-prima da história é o infortúnio.

Vários meses antes do momento em que escrevo estas palavras passei por uma experiência incomum, nunca vivida antes. Eu estava viajando de avião da Califórnia para Kansas City; a noite já havia caído quando o piloto comunicou pelo interfone que se olhássemos pela janela teríamos uma visão que só acontece uma vez na vida. Estávamos voando quatro mil pés de altura acima da altitude normal de vôo para evitar uma tempestade violenta que varria a parte ocidental do Kansas, explicou ele. Olhei pela janela e fiquei realmente abismado. Eu via um mar de luz contínuo, mas um tipo de luz que eu nunca vira — "a luz que nunca houve no mar ou na terra", de Wordsworth. Era tão etérea que o simples fato de olhar para ela trazia a sensação de paz. Não é exagero dizer que era uma luz sagrada.

É assim que a eternidade redime o fluxo momento-a-momento do tempo. A luz que eu contemplava era absolutamente serena e bela, como é a eternidade. Mas se ela fosse revelar sua plenitude, a história se desvaneceria num instante. Voltamos com Emily Dickinson: "Como o raio para a criança despreocupada/Através de revelação suave;/A verdade deve deslumbrar aos poucos,/Ou todo homem se tornará cego." Assim, o mar de luz sagrada deixou-se ver e derramou-se sobre as planícies do Kansas em ziguezagues brilhantes que, além de ser espetaculares, podiam ser aspirados, pois enchiam a atmosfera e a água da terra, impregnando-a de nitrogênio.

Certa vez, nosso neto de seis anos de idade foi até a porta da casa depois de uma tempestade e exclamou: "Eu gosto desse ar!"

Esse seria um final apropriado para esta parte do livro, mas peço a São Paulo que lance sua bênção sobre ela:

> Por esta razão eu dobro os joelhos diante do Pai... para pedir-lhe que ele conceda, segundo a riqueza da sua glória, que vós sejais fortalecidos em poder pelo seu Espírito no homem interior, que Cristo habite pela fé em vossos corações e que sejais arraigados e fundados no amor. Assim tereis condições para compreender com todos os santos qual é a largura e o comprimento e a altura e a profundidade, e conhecer o amor de Cristo que excede a todo conhecimento, para que sejais tomados de toda a plenitude de Deus.

Parte Três

OS TRÊS PRINCIPAIS RAMOS
DO CRISTIANISMO HOJE

Até agora estivemos falando do cristianismo como um todo. Isso não significa que todo cristão concordará com tudo o que foi dito; o cristianismo é um fenômeno tão complexo, que é difícil dizer algo significativo a seu respeito que seja aceito por todos os cristãos. Por isso, devo frisar que o que precede é uma interpretação, mas uma interpretação dos pontos que os cristãos têm em comum, substancialmente pelo menos.

Quando passamos do cristianismo do primeiro milênio, sua Grande Tradição, para o cristianismo atual, encontramos a Igreja dividida em três grandes ramificações. O catolicismo romano tem seu foco no Vaticano, em Roma, e dali se difunde, sendo dominante na Polônia, na Europa central e meridional, na Irlanda e na América do Sul. A ortodoxia oriental tem sua maior influência na Grécia, nos países eslavos e na Rússia. O protestantismo domina no norte da Europa, na Inglaterra, na Escócia e na América do Norte.

A Igreja sofreu a perseguição romana até 313. Nesse ano, ela foi reconhecida legalmente e passou a ter os mesmos direitos de outras religiões do império. Antes do término desse século, em 380, o cristianismo tornou-se a religião oficial do Império Romano. Com algumas cisões de menor importância, como o nestorianismo (que acreditava que Cristo era de substância semelhante, mas não igual, à de Deus) e a Igreja Mar Toma na Índia (uma instituição ainda ativa que atribui sua fundação ao apóstolo Tomé), ela se manteve como um corpo unido até 1054. Isso significa que durante praticamente metade da sua história, a Igreja continuou sendo essencialmente uma única instituição.

Mas em 1054 ocorreu em seu seio a primeira grande divisão: entre grupos que constituiriam as Igrejas Ortodoxa Oriental, no Oriente, e a Católica Romana, no Ocidente. As razões para a ruptura foram complexas — além da religião, fatores geográficos, culturais, lingüísticos e políticos também tiveram um peso importante. Outra grande divisão ocorreu na Igreja Católica Romana: a Reforma Protestante, no século XVI. O protestantismo seguiu quatro direções principais — as confissões batista, luterana, calvinista e anglicana — que, por sua vez, se subdividiram a ponto de o último censo relacionar mais de novecentas denominações só nos Estados Unidos. Atualmente, o movimento ecumênico está reunificando algumas dessas denominações.

Com esses fatos mínimos à disposição, podemos passar ao objetivo principal desta terceira parte, que é tentar compreender os aspectos fundamentais dos três grandes ramos do cristianismo, começando com a Igreja Católica Romana.

Os Três Principais Ramos do Cristianismo Hoje

CATOLICISMO ROMANO

Vamos nos limitar aqui aos que talvez sejam os dois conceitos mais importantes para a compreensão desse ramo do cristianismo: a Igreja como autoridade de ensino, e a Igreja como agente sacramental.

Autoridade

A visão católica é radicalmente pessoal: a Igreja é a comunhão de seres humanos que são iniciados na vida da Santíssima Trindade, as três pessoas que são um só Deus e que constituem os arquétipos da pessoalidade — pessoas plenas — dos quais o ser humano se aproxima, mas não alcança. Essa visão é também radicalmente encarnatória: Deus se faz homem por meio de um ser humano, de uma mãe humana, uma mulher que é venerada pela fé católica desde tempos primitivos. Essa comunhão entre Deus e o homem, com sua preparação através da história da humanidade, e de Israel em particular, chega ao seu ápice com Maria, que é o perfeito "receptáculo do Verbo" (isto é, Jesus). Na visão católica, Maria incorpora em si a história do seu povo, por meio do qual Deus planejava redimir o mundo. Maria foi preparada para sua missão pela ação misteriosa da graça, e ela colaborou livremente com o plano de Deus aceitando ser a mãe de Jesus. Deus estava recriando o mundo decaído — e isso pela mediação de Maria.

Deus, naturalmente, é a "autoridade" última, porque somente Deus é o "autor", a fonte e a origem de tudo o que é. Ele tem, por assim dizer, os "direitos autorais" da história que é narrada na criação e através da criação e das eras que se seguiram. Parte do seu plano amoroso, parte de toda sua generosidade, é pôr a liberdade humana no centro de sua ação redentora. E essa liberdade brota no "sim" de Maria ao convite de Deus para que ela se tornasse mãe do seu Filho. Em razão disso, ela é o primeiro discípulo, e o mais importante, com uma autoridade acima de qualquer outra autoridade da Igreja. É uma autoridade que antecede a autoridade do ofício, uma autoridade silenciosa ancorada na obediência a Deus que dá fundamentação a todo poder. Maria está no coração contemplativo da Igreja Católica, onde céu e terra se encontram em Jesus.

A tradição vê a Igreja formada aos pés da cruz, onde Maria é entregue como mãe ao "discípulo amado" que, por sua vez, é entregue a ela como filho. As relações são familiares — uma nova família, a família da fé, a família na qual serão introduzidos aqueles que deixaram tudo por amor a Jesus. Nessa "nova família", o seguimento de Cristo por meio da pobreza, da castidade e da obediência numa vida de virgindade consagrada é visto como o "conselho de perfeição" por aqueles que seguiriam a Cristo numa entrega total. Em Maria, e nela somente, essa consagração virginal harmonizou-se com a extraordinária dignidade da maternidade humana.

O Espírito Santo desceu sobre Maria quando ela concebeu o Filho de Deus. No final da sua vida, quando Jesus retornou ao Pai na Ascensão, o Espírito Santo desceu novamente sobre Maria. Nessa ocasião, Pentecostes, ela estava cercada por diferentes grupos de seguidores de Jesus — os apóstolos, os parentes consangüíneos, as mulheres. Através desses grupos vemos várias "constelações de santidade" em que o Espírito Santo continua e expande a encarnação de Jesus no mundo.

Jesus, a semente de Deus, caiu na terra e morreu, e desde então continua a produzir fruto substancioso através dos tempos. O ca-

Os Três Principais Ramos do Cristianismo Hoje

tólico vê a Igreja como a Esposa de Cristo, e vê seu modelo na Virgem Maria, que vem sendo venerada através dos milênios como "Virgem, Mãe e Esposa." Em toda a Bíblia, Deus insiste na fecundidade: "Sede fecundos e multiplicai-vos; meu Pai é glorificado quando produzis muito fruto e vos tornais meus discípulos." Esse fruto culmina na vida dos santos — seres humanos que já nesta vida se tornam transparentes à luz de Deus quando ela irrompe no tempo presente, no mundo de hoje. Os santos realizam inteiramente as missões que lhes são confiadas por Deus, missões que os tornam pessoas teológicas de direito próprio, do mesmo modo que o Filho está numa missão do Pai, do mesmo modo que ele encontra sustentação ao cumprir a vontade do Pai. Os santos são a glória da Igreja, porque somente neles as promessas do batismo se realizam totalmente. Eles são a "Igreja triunfante". Neles somente a Igreja é plenamente ela mesma. Na terra, a Igreja trilha o caminho do peregrino, para quem as palavras "Muitos são chamados, mas poucos escolhidos" continuam uma admoestação permanente.

Embora os dons místicos existam em abundância na vida da Igreja, eles são oferecidos para a construção da fé do Corpo de Cristo. É a obediência à vontade do Pai que é o "alimento de Jesus", e é a obediência que deve ser considerada característica do seu Corpo, de sua Esposa, que é a Igreja. Como vimos, há uma autoridade única que flui da pessoa da Mãe de Deus, daquela que foi o "sim perfeito" ao chamado de Deus e cujo Filho também é "todo sim" a Deus.

A Igreja é uma família — uma nova família — e sempre há uma autoridade dentro da família. Há uma autoridade de ofício investida em Pedro, que foi publicamente escolhido por Jesus para ser o principal pastor do rebanho e "príncipe dos apóstolos". A profissão de fé de Pedro — um reconhecimento sobrenatural, inspirado pela graça, de quem Jesus era — revelou que Deus operava nele, e Jesus, por sua vez, também o reconheceu como "a pedra" sobre a qual ele construiria a sua Igreja. A Pedro foi entregue o "poder das chaves". Pedro não era um super-homem. João estava visivelmente mais perto do Senhor e era o grande místico entre os discípulos. Paulo era melhor como missionário, teólogo e místico. Pedro negou conhecer o Senhor, e os Evangelhos o mostram tão impetuoso a ponto da insensatez. Entretanto, aquele que foi educado numa carpintaria e escolheu pescadores deu a Pedro a dignidade que o levaria a ser o primeiro Bispo de Roma, o primeiro Papa.

"Papa" é um vocativo amoroso dado aos pais; e no caso do "Papa" de Roma, esse título se consolidou: o manto posto nos ombros de Pedro vem sendo passado a seus sucessores há dois milênios. Ser o "Vigário de Cristo" e o "Servo dos Servos de Deus" nem sempre foi fácil. O pontificado assumiu muitas características através dos séculos, vários estilos de liderança, refletindo de muitos modos as formas de comando da época. A função em si tem a responsabilidade última de preservar o "depósito da fé" — de providenciar para que o "mistério escondido desde os séculos e desde as gerações, mas agora manifestado aos seus santos" seja mantido intacto e puro através dos tempos. A função é sempre maior do que o homem, e às vezes imensamente maior. Alguns papas foram pecadores escandalosos; muitos foram santos. Pedro foi ambas as coisas.

Desde os primeiros concílios, quando partes do "depósito de fé" foram atacadas ou foram exageradas, o ofício de ensino da Igreja — o "magisterium" — procurou articular e definir verdades que até o momento da crise em questão haviam sido consideradas ponto pacífico. Embora a infalibilidade fosse reconhecida na teoria e na prática desde o tempo de Clemente de Roma (ver sua Carta aos

Os Três Principais Ramos do Cristianismo Hoje

Coríntios, em 95 d.C.), no meado do século XIX a Igreja definiu oficialmente as circunstâncias sob as quais ela se expressa com infalibilidade. Quando a Igreja percebe que a confusão está tomando corpo em questões de fé e moral, ela contrabalança essa confusão afirmando categoricamente onde está a verdade. Daí em diante, todos os pronunciamentos são parte sancionada da doutrina católica e não estão mais abertos a discussões. Fundamentando a responsabilidade do sucessor de Pedro de manter o Evangelho intacto e puro, a Igreja também distinguiu cuidadosamente entre o "ofício de ensinar ordinário" do Papa e o "ofício extraordinário"; neste, como sucessor de Pedro, ele fala com infalibilidade.

Representando um reino que "não é deste mundo", a Igreja papal tem sido um espinho para os poderes deste mundo — desde impérios e reinos até tiranias modernas como as do nazismo e do comunismo que visavam à destruição da Igreja. A Igreja emergiu das ruínas da modernidade atéia coroada de santos. O século XX foi uma era de mártires, a mais importante da história.

Consciente do "Cristo pobre e humilhado", a Igreja sempre teve uma "opção preferencial" pelos pobres, testemunhada pela enorme quantidade de santos. Nos tempos modernos essa dedicação aos pobres se transformou num verdadeiro tesouro de ensinamentos sociais e num profundo compromisso com a justiça social. Esse compromisso é vivido de muitas formas, desde a obra sacrificial de Madre Teresa de Calcutá, ou a entrega da própria vida a favor de outros pelo mártir de Auschwitz, São Maximiliano Kolbe, até a dedicação inabalável de Dorothy Day aos sem-teto nas ruas de Nova York.

No século XX a Igreja se apresentou como defensora intransigente da vida humana. A Igreja Católica sempre insistiu na bondade da criação, embora sem ilusões. Estiagens, terremotos e inun-

A ALMA DO CRISTIANISMO

dações podem provocar danos imensos, mas a Igreja mantém sua convicção sobre a bondade da natureza. Isso resulta da insistência sobre a redenção da humanidade — e do mundo — realizada pela Encarnação, e leva à tensão de estar "no mundo mas não pertencer a ele". Certamente, o símbolo mais comum do catolicismo é o crucifixo: o centro de meditação sendo o corpo totalmente humano de Jesus Cristo, crucificado pelo mundo, a expressão mais plena do amor infinito de Deus pelo mundo. Somente uma profunda confiança na Ressurreição pode explicar essa contemplação incessante e inabalável a respeito do mundo conforme revelado na ignomínia da Cruz, uma confiança que não descansará até que "a escuridão do Calvário produza a vitória final".

A autoridade que Cristo deu explicitamente à sua Igreja, ele a deu aos apóstolos na pessoa de Pedro. Juntos, eles saíram para divulgar a Boa-nova ao mundo. Essa Boa-nova foi propagada com a autoridade do próprio "autor", Jesus, que estava com eles, confirmando "a mensagem pelos sinais que a acompanham". Embora a revelação pública terminasse com a morte do último discípulo de Jesus, a infalibilidade, acreditam os cristãos, é algo assegurado a toda a Igreja. E é tarefa dessa Igreja ensinar e pregar sua Boa-nova em todas as épocas e testemunhar ao mundo inteiro a vida, a morte e a ressurreição de Jesus. É a autoridade da Igreja apostólica que compôs a Bíblia Cristã, e é a autoridade dos apóstolos que possibilita aos que crêem confiar nesse ensinamento bíblico. O "autor" deu assim aos seus apóstolos, reunidos em torno de Pedro, poder para sustentar a Igreja. E, todavia, Pedro tem uma responsabilidade que é toda sua: individualmente, os apóstolos podem vacilar, e vacilaram, mas a pedra que é Pedro manteve-se inabalável.

Embora divina na origem, a Igreja é composta de homens, de pecadores, e assim, num ato ímpar para qualquer instituição, no final do segundo milênio o Papa pediu perdão publicamente e penitenciou-se em nome da Igreja pelos pecados individuais dos cristãos ao longo dos tempos.

No decorrer dos séculos, a Cidade do Vaticano, em Roma, manteve-se como símbolo de unidade e continuidade com os apóstolos Pedro e Paulo. Entretanto, a autoridade do ofício "petrino" do Papa não está vinculada aos edifícios da Cidade do Vaticano. O centro vivo da Igreja encontra-se em cada tabernáculo do mundo onde, no sacramento da Eucaristia, cristãos encontram a "Presença Real" de Cristo. Isso nos leva diretamente a uma reflexão sobre os sacramentos.

Os Sacramentos

A fonte da vida sacramental da Igreja é o lado perfurado de Jesus, do qual fluem as duas vertentes de sangue e água, símbolos das águas purificadoras do *batismo* e da *Eucaristia*. Os demais sacramentos se agrupam em torno desses dois momentos. No batismo, como na *confissão*, e depois na *unção do corpo quando a morte se aproxima*, está o "perdão dos pecados" que se processa na vida do crente: é nisso que a Igreja expande a missão de Jesus de perdoar os pecados através dos tempos. Na Eucaristia estabelece-se a comunhão entre Deus e o homem. Essa "comunhão" está no centro mesmo da Igreja.

Para receber a Eucaristia e assim estar em "comunhão" com Deus, é preciso ter disposição adequada, pois a Eucaristia é um "segredo aberto" para aqueles cujos olhos foram purificados pelo perdão sacramental dos pecados, e que, recebendo na obediência da fé, podem sentir as delícias do céu na terra. A Eucaristia é um "milagre permanente" realizado em cada missa celebrada no mun-

A ALMA DO CRISTIANISMO

do, porque nela, acreditam os católicos, o pão e o vinho são realmente transformados no verdadeiro "corpo, sangue, alma e divindade" de Jesus Cristo. A vida futura — vida eterna — está presente nesse centro de toda vida sacramental. Essa crença é tão essencial que, em todo lugar de oração católico, esse pão eucarístico é guardado num sacrário especial, um "tabernáculo", onde é adorado. É a Presença Real de Cristo, o elo vivo entre o céu e a terra.

O milagre da Eucaristia acontece na liturgia chamada Missa, celebrada por um sucessor dos apóstolos ou por seu representante ordenado. Por essa razão, o dom do sacerdócio é muito importante para os católicos. Embora toda a Igreja Católica seja uma "nação de sacerdotes", um "povo sacerdotal", há homens escolhidos dentro da comunidade para viver o sacerdócio hierárquico para a comunidade, para personificar/modelar Cristo de maneira especial para o povo de Deus. Esses homens recebem essa missão por meio do sacramento da *Ordem*. Embora tenham existido sacerdotes casados no decorrer da história, o desejo de uma imitação o mais próxima possível de Cristo na castidade produziu uma forte preferência pelo sacerdócio celibatário. A plenitude do sacramento da ordem encontra-se no bispo, de quem o sacerdote é realmente um colaborador representativo.

A separação entre Jesus e a religião tradicional de Israel é uma conseqüência de debates sobre o Templo de Jerusalém. Jesus prestava seu culto no Templo, assim como seus seguidores imediatos. As controvérsias giravam em torno da questão de qual era o *verdadeiro* Templo, e Jesus predisse que um dia o Templo de Jerusalém não seria mais o centro do culto a Deus. Esse dia chegou no ano 70 d.C., quando o Templo foi destruído. Os cristãos haviam se convencido de que Jesus era o Templo verdadeiro, "não construído por mãos humanas", e passaram a ver a sua morte sacrificial no calvário como o coroamento perfeito de todos os sacrifícios do

Os Três Principais Ramos do Cristianismo Hoje

antigo Israel. Por isso, os cristãos vêem um novo Templo no corpo de Jesus, sendo esse corpo o sacrifício inclusivo, relembrado através dos tempos em cada missa celebrada no mundo.

Quando a criança chega a uma idade em que consegue compreender, o sacramento da *confirmação* assegura a bênção do batismo, firmando-a na mente inteligível. Relembrando o envio do Espírito Santo sobre a Igreja primitiva no dia de Pentecostes, a unção da confirmação introduz o jovem no sacerdócio contínuo dos fiéis.

Embora ciente das conseqüências da queda, a fé católica tem uma visão positiva do mundo criado: em termos teológicos: "a graça se serve da natureza sem destruí-la." Assim, é característica católica considerar e celebrar o *matrimônio* como um sacramento. Nele, o ápice do amor humano é tocado, abençoado e elevado pelo amor de Deus. O sacramento do matrimônio oferece a promessa de que o desejo humano pode fazer parte do amor de Deus. A Bíblia Hebraica vê Deus como o "Esposo de Israel", e os cristãos vêem esse Esposo como tendo vindo à terra. Os católicos vêem a relação de Cristo com sua Igreja como modelo para o casamento. O primeiro milagre de Jesus aconteceu numa festa de casamento, e indiretamente ele abençoa todos os casamentos através dessa cerimônia. Assim, esta que é a mais natural e humana das instituições participa da vida mesma do céu e revela algo do amor perfeito e fecundo do Céu à terra.

A Igreja, então, vê a si mesma como o Corpo Místico de Cristo, um corpo que foi formado primeiro da carne e do sangue de uma mulher, Maria, que viveu impecavelmente a obediência da fé e foi elevada a um cume de santidade muito acima dos anjos e dos santos. Mas Maria permanece humana — a perfeição da humanidade — mesmo entregando à humanidade Deus-feito-homem em seu filho. Por meio dessas pessoas humanas Deus cria uma nova hu-

A ALMA DO CRISTIANISMO

manidade, e como a "morada de Deus é com os homens", é nessa humanidade que ele está criando um "céu novo e uma nova terra". A Igreja é o "Povo de Deus" a caminho através da história.

Com o Concílio Vaticano Segundo, realizado na década de 1960, a Igreja Católica procurou remover os obstáculos ao diálogo com as pessoas de boa vontade modernas, abrindo-se a relações mais fecundas não apenas com outras comunidades cristãs mas também com o mundo. Vinte anos depois desse Concílio, pela primeira vez no milênio foi escolhido um Papa de uma região que nunca fizera parte do Império Romano. Predominantemente latina durante 1500 anos, embora não exclusivamente, a Igreja está voltando decisivamente a uma presença representativamente global, procurando definir um novo papel para Pedro como servo de uma unidade total entre todos os cristãos e pessoas de boa vontade.

Para expandir um pouco a compreensão positiva das relações da Igreja Católica com outras comunhões depois do Concílio Vaticano, a metáfora da "comunhão" emergiu como central para expressar o mistério cristão. Estar em "comunhão total" ou em "comunhão parcial" expressa os graus de uma relação cristã com a Igreja Católica. Os "católicos" — os que estão em comunhão total — não constituem a maioria, porque essa posição está restrita à totalidade dos santos. Na prática, a Igreja Católica atualmente se vê mais como uma comunhão de igrejas locais que estão em comunhão total com o sucessor de Pedro.

A Igreja Católica sempre reconheceu o poder de Deus em ação além de suas fronteiras visíveis: os primeiros Padres falavam do *logoi spermatikoi,* as "palavras-semente" espalhadas por toda a criação. A Igreja procura celebrar e, na verdade, promover, tudo o que é bom e verdadeiro em qualquer tradição e cultura religiosas, esperando levar todos a uma aceitação da plenitude da verdade revelada em Jesus Cristo e em sua Esposa, a Igreja.

Os Três Principais Ramos do Cristianismo Hoje

No início do terceiro milênio, muitos países de tradição católica na Europa Ocidental já não eram mais intensamente cristãos havia muito tempo, do mesmo modo como havia acontecido no primeiro milênio na África do Norte e em grande parte do Oriente Médio. Da devastação do século XX — a nova era de mártires — está emergindo um catolicismo vibrante e numericamente expressivo em regiões da Europa Central e Oriental, em partes da África, e nas Filipinas, na Coréia e no Vietnã. O catolicismo é o maior corpo cristão nas Américas do Norte e do Sul e na Oceania; e na Europa Ocidental, ele mantém uma presença significativa, apesar da influência arrasadora do secularismo.

ORTODOXIA ORIENTAL

A Igreja Ortodoxa Oriental, que hoje conta com aproximadamente 250 milhões de fiéis, rompeu oficialmente com a Igreja Católica Romana em 1054, uma acusando a outra de ser a responsável pela ruptura. A Ortodoxia Oriental inclui as Igrejas da Albânia, Bulgária, Geórgia, Grécia, Romênia, Rússia, Sérvia e Sinai. Embora cada uma dessas Igrejas seja autônoma, elas mantêm graus variados de comunhão entre si e seus membros se consideram pertencentes primeiramente à Igreja Oriental, e só depois às divisões particulares dentro dela.

A Igreja Ortodoxa Oriental se assemelha à Igreja Católica Romana na maioria dos seus aspectos, pois durante quase metade de suas histórias elas constituíram um corpo único. Ela preserva os Sacramentos, apesar de não especificar seu número, e os interpreta em seus aspectos fundamentais exatamente como o faz a Igreja Romana. Há alguma diferença quanto à autoridade do ensino, mas

A ALMA DO CRISTIANISMO

mesmo nesse ponto a premissa é a mesma. Se deixada à interpretação individual, a fé cristã se desintegraria em posições conflitantes e num caos de incertezas. É responsabilidade da Igreja evitar que isso aconteça, e Deus lhe dá forças para fazer isso; o Espírito Santo preserva do erro suas declarações oficiais. Até aí há concordância com Roma.

As diferenças entre a Ortodoxia e o Catolicismo sobre a questão da autoridade são duas. A primeira tem a ver com a extensão. Na Igreja Oriental, as questões para as quais é preciso haver unanimidade são em número menor do que na Igreja Romana. Em princípio, somente questões que façam parte das Escrituras constituem esse grupo — o que significa que a Igreja pode *interpretar* doutrinas, mas não *criar* doutrinas. Na prática, a Igreja só exerceu sua prerrogativa de intérprete sete vezes, em sete Concílios Ecumênicos, todos realizados antes de 787. Isso quer dizer que a Igreja Oriental pressupõe que, embora os artigos de fé em que os cristãos devem acreditar sejam decisivos, seu número é relativamente pequeno. Especificamente, ela não adere ao dogma da imaculada conceição (segundo o qual Maria foi concebida no útero materno sem pecado original) e nega a existência do purgatório (que a Igreja Romana concebe como um lugar de passagem onde as almas são punidas pelos pecados leves que ainda não foram perdoados). Os católicos vêem esses dogmas e outros, como a assunção de Maria, de forma positiva, como um desenvolvimento da doutrina, ao passo que os ortodoxos os consideram como inovações. (De passagem, os católicos representam visualmente o corpo inteiro de Cristo; para os cristãos ortodoxos, essa forma de representação está quase no limite da idolatria e retratam Cristo em pinturas e, quando muito, em baixo-relevo.)

Generalizando as diferenças, podemos dizer que a Igreja Latina enfatiza o desenvolvimento da doutrina cristã, ao passo que a

Os Três Principais Ramos do Cristianismo Hoje

Igreja Grega ressalta sua continuidade. O que se conhece como "magistério da academia" faz parte dessa diferença, pois a experiência da Igreja Oriental não inclui nada que se assemelhe aos grandes centros universitários de Bolonha e Paris. (O equivalente mais próximo poderia ser Bizâncio na época do seu maior esplendor, com suas magníficas catedrais e coleções de arte lendárias que continuam a percorrer os grandes museus do mundo.) Consideramos a Idade Média como a idade de ouro do Catolicismo Romano; para o cristianismo ortodoxo, recuamos no tempo até os Padres da Igreja.

O outro ponto em que a compreensão da Igreja Oriental quanto ao seu papel como autoridade de ensino difere da concepção do catolicismo diz respeito aos meios para se chegar aos dogmas. Como vimos, a Igreja Romana sustenta que os dogmas, em última análise, resultam da ação do Papa; são as decisões por ele anunciadas que o Espírito Santo preserva do erro. A Igreja Oriental não tem Papa e afirma que a verdade de Deus é revelada por meio da "consciência da Igreja", uma expressão que denota o consenso dos cristãos em geral. Naturalmente, esse consenso precisa de foco, motivo pelo qual existem os concílios eclesiásticos. Quando os bispos de toda a Igreja primitiva se reuniram nos sete Concílios Ecumênicos, seu discernimento coletivo estabeleceu a verdade de Deus em monumentos imutáveis. Seria correto dizer que o Espírito Santo preservou do erro suas decisões, mas seria ainda mais fiel ao espírito da Igreja Oriental dizer que o Espírito Santo preservou a mente dos cristãos como um todo de cair em erro, pois as decisões dos bispos nada mais fazem do que focalizar as decisões de todos os cristãos.

Isso nos leva a uma das ênfases especiais da Igreja Oriental. Como ela está de muitos modos a meio caminho entre o Catolicis-

mo Romano e o Protestantismo, é mais difícil destacar características internas que sejam claramente distintivas; mas, se fôssemos
escolher duas (como fizemos em nosso esboço do Catolicismo
Romano), uma delas seria sua visão excepcionalmente corporativa
da Igreja. A outra, que abordaremos um pouco adiante, é sua ênfase no misticismo.

A Visão Corporativa da Igreja

Comum a todos os cristãos é a visão da Igreja como Corpo Místico
de Cristo. Assim como as partes do corpo físico se unem no bem-
estar ou na doença, do mesmo modo inter-relaciona-se a vida de
todos os cristãos. Todos os cristãos aceitam a doutrina de que são
"membros um do outro". Embora seja claramente difícil determinar questões de grau, pode-se dizer que a Igreja Oriental levou
essa noção mais a sério do que o Catolicismo Romano e o Protestantismo. Cada cristão trabalha por sua salvação em conjunto com
os demais membros da Igreja, não individualmente para salvar uma
alma separada. A ramificação russa da Igreja Ortodoxa tem um
provérbio a esse respeito: "Você pode se condenar sozinho, mas só
pode se salvar com os outros."

O Espírito Santo penetra em cada alma individual como uma
célula no Corpo Místico de Cristo. Mas as células individuais não
conseguem sobreviver sem as demais células com as quais trabalham. E a Igreja Ortodoxa leva a sério o tema de São Paulo, do
universo inteiro "gemendo, como em trabalho de parto" enquanto
espera a redenção. A Igreja Ortodoxa traz o universo inteiro para a
economia da salvação. Não é apenas o destino de cada indivíduo
que está ligado ao de toda a Igreja; além disso, a Igreja tem a res-

ponsabilidade de ajudar a santificar o mundo todo da natureza e da história. O bem de todas as coisas criadas é afetado em maior ou menor grau por aquilo que cada alma individual lhes acrescenta ou delas subtrai.

Ênfase Mística

A conseqüência experiencial desse forte sentimento corpóreo é que o misticismo ocorre de modo mais proeminente no Oriente do que no Ocidente. Isso fica claro quando perguntamos até que ponto deve fazer parte do programa cristão tentar participar da vida sobrenatural enquanto ainda aqui na terra.

A Igreja Romana afirma que a Trindade habita em cada cristão, mas sua presença normalmente não é percebida. Com uma vida de orações e penitência, uma pessoa tem possibilidades de colocar-se em condição de receber a dádiva especial de ter revelada a presença da Trindade, elevando-se então a um estado de êxtase místico. Mas como os seres humanos não têm direito a esses estados (os quais por sua própria natureza são dádivas espontâneas da graça), a Igreja Romana não incentiva nem desencoraja a vida mística.

Já a Igreja Oriental estimula ativamente a vida mística. Desde os primeiros tempos, quando os desertos perto de Antioquia e Alexandria estavam cheios de eremitas em busca de iluminação, o empreendimento místico ocupou um lugar mais destacado em sua vida. Como o mundo sobrenatural entra em contato e impregna o mundo sensorial, deve fazer parte da vida cristã em geral desenvolver a capacidade de vivenciar diretamente as glórias da presença de Deus; no Oriente cristão, o conceito de "aquele que é capaz de falar sobre Deus com base na experiência direta" integra a própria definição de "teólogo", e São João, o evangelista, autor do mais místico e teológico dos Evangelhos, figura entre os três maiores nesta categoria, sendo os outros dois São Gregório Nazianzeno e Simeão, o Novo Teólogo.

O poeta inglês Francis Thompson não era Ortodoxo, mas alguns de seus versos retratam tão bem a ênfase mística da Igreja Oriental, que merecem ser citados aqui:

Voa o peixe para encontrar o oceano,
Mergulha a águia para encontrar o ar,
Para que perguntemos às estrelas em movimento
Se ouviram lá falar de ti?

Não onde os sistemas estelares se eclipsam,
E nossas concepções entorpecidas revoam,
O esvoaçar de asas, se formos atentos,
Bate à nossa própria porta.

Os anjos permanecem em seus antigos lugares;
Vira-se uma pedra, uma asa se move:
És tu, é tua face desviada,
Que perde a visão esplendorosa.

Os eremitas do deserto dedicavam toda sua vida a reduzir o alheamento de suas faces e o objetivo de cada vida, diz a Igreja Ortodoxa, deve ser a união com Deus — divinização verdadeira, tornando-se, por meio da graça, "participantes da natureza divina". *Theosis* é a palavra grega para essa participação, e todo cristão deve procurar transformar a vida numa peregrinação rumo à glória.

Um clássico da espiritualidade russa do século XIX, *The Way of a Pilgrim* [*Relatos de um Peregrino Russo*], descreve a busca por

Os Três Principais Ramos do Cristianismo Hoje

essa graça com tanta simplicidade e encanto que conquistou o coração dos cristãos de toda parte e hoje pertence ao mundo.

Quando o peregrino entra em cena nas primeiras páginas do seu cativante relato, não sabemos sobre ele mais do que sabemos quando ele nos deixa apenas cem páginas depois. Ele não diz seu nome. Só ficamos sabendo sua idade, 33 anos, que tem um braço atrofiado e está em peregrinação constante, levando apenas uma sacola contendo pão seco, sua Bíblia e a *Filocalia* (literalmente, "Amor à Beleza"), uma coletânea de textos de Padres da Igreja que mostra como despertar e desenvolver a atenção e a consciência. O peregrino dedilha uma única corda — mas uma corda sem igual! Ela produz um som profundo que soa sob as dissonâncias de sua vida cotidiana até levá-las à harmonia com Deus.

O peregrino chegou a essa "corda" ao ouvir, durante a leitura das Escrituras num ofício dominical, três palavras enigmáticas que penetraram profundamente em seu espírito: as palavras com que São Paulo admoesta os Tessalonicenses a "rezar sem cessar". Como é possível rezar sem cessar? pergunta-se o peregrino. Se não fosse possível, porém, o apóstolo não nos teria feito essa recomendação.

Ele então começa sua peregrinação. Visita muitas igrejas onde ouve pregadores famosos; talvez possam lançar alguma luz sobre o problema. Ele ouve muitos belos sermões sobre a oração — o que ela é, quanto precisamos dela, que frutos produz — mas ninguém lhe diz como rezar sem cessar.

Finalmente, ele ouve falar de um *starets* (um homem de grande espiritualidade) que se dedica exclusivamente à própria salvação. Buscando seu exemplar da *Filocalia*, o starets diz: "Não, a *Filocalia* não é mais sublime nem mais santa do que a Bíblia. Mas ela contém explicações claras de tudo o que a Bíblia mantém em segredo. E ela fala sobre o que você está buscando, como rezar sem parar."

O starets abre o livro e lê em voz alta: "Senta-te em silêncio e na solidão. Inclina a cabeça, fecha os olhos, respira devagar e olha, pela imaginação, para o interior do teu coração. Leva tua mente — isto é, os teus pensamentos — da cabeça para o coração. Ao expirar, dize: 'Senhor Jesus Cristo, tende piedade de mim.'

"Dize essa invocação movendo os lábios lentamente, ou simplesmente em espírito", continua o starets. "Esforça-te para afastar todos os pensamentos, sê calmo e paciente, e repete essa prece muitas vezes."

O peregrino está feliz com sua descoberta. O starets o despede com sua bênção e lhe diz para voltar caso encontre alguma dificuldade. O peregrino se detém no jardim de um vilarejo próximo e começa a trabalhar, mas em três semanas ele volta ao monge e confessa que está totalmente entediado. Percebendo a seriedade das intenções do peregrino, o monge se dispõe a trabalhar com ele. Entrega-lhe então um rosário e orienta-o a repetir a oração três mil vezes por dia durante alguns dias, seis mil vezes nos dias seguintes, depois doze mil vezes, e a partir daí sem limite.

O que acontece dessa vez? Os primeiros dias são difíceis. Depois disso, a oração "se torna tão fácil e agradável que, assim que parei, senti necessidade de continuar repetindo-a. Fiquei tão acostumado com a minha oração que quando parava por um momento era como se alguma coisa estivesse faltando, como se eu tivesse perdido alguma coisa. No momento em que recomeçava a oração, ela acontecia fácil e alegremente".

A oração começa a despertá-lo pela manhã. Parece que seus lábios e língua pronunciam as palavras por si mesmos, sem nenhuma pressa. Ele chega a se sentir leve, como se estivesse caminhando no ar. E o seu mundo se transforma:

Os Três Principais Ramos do Cristianismo Hoje

Senti que não havia pessoa mais feliz na terra do que eu, e duvidei que pudesse haver felicidade maior e mais completa no reino do céu. Todo o mundo exterior também parecia cheio de encanto e júbilo. Tudo me levava a amar e a agradecer a Deus: pessoas, árvores, plantas e animais. Eu via a todos como minha família; eu encontrava em todos eles a magia do nome de Jesus.

J. D. Salinger é mais conhecido como autor de *Catcher in the Rye* [*O Apanhador no Campo de Centeio*], que se tornou um clássico menor na sua época por desmascarar a falsidade da vida moderna. Em sua continuação, *Franny and Zooey* (que apareceu pela primeira vez em duas edições consecutivas da revista *The New Yorker*), ele usa a Oração de Jesus para mostrar como sair dessa situação de mentira.

Na Ortodoxia, o caminho do peregrino leva naturalmente à Montanha Sagrada, o monte Atos, uma península longa e estreita que se projeta da Macedônia, no norte da Grécia, e sobe gradualmente por cinqüenta quilômetros até terminar abruptamente no mar Egeu. Uma crista de montanha inacessível separa-a da terra firme. Devido à sua inacessibilidade e beleza natural, tem-se a impressão de que ela não pertence a este mundo. Declives densamente arborizados que mergulham no mar profundo, enseadas isoladas, promontórios rochosos, baías extensas margeadas por praias arenosas e vinte mosteiros revelando séculos transcorridos fazem dela uma das mais belas paisagens do mundo — a beleza do Infinito: o céu tocando a terra como a ponta de um arco-íris.

Todos os países sob influência da Igreja Ortodoxa têm seus postos avançados espirituais em seus mosteiros autônomos. Deixo a peregrinação de um metropolitano (bispo diocesano) do século XX, Heirotheos Vlachos, levar-nos até a montanha:

A ALMA DO CRISTIANISMO

Pôr-do-sol no monte Atos — o sol estava para se pôr, mas eu estava a caminho para chegar ao alto. O ocaso me encontrou subindo com grande dificuldade por uma trilha estreita e íngreme rumo ao leste. Eu andava curvado, com a Oração de Jesus nos lábios, porque é assim que se deve visitar a Montanha Sagrada — com o sentimento de um simples peregrino. A uma pequena distância da trilha, entre rochas, podem-se ver pequenas casas, as celas dos monges eremitas. Algumas estão dentro de cavernas, outras se projetam um pouco da face do penhasco e ao olhar para elas ficamos imaginando que vão cair no mar. É dentro dessas pequenas cavernas que vivem as abelhas espirituais, produzindo o mais doce mel da *hésychia* — silêncio ou tranqüilidade.

Continuei meu caminho até o alto, à montanha da minha transfiguração. Depois de algum tempo, cheguei com grande esforço à cela que eu queria visitar. Fiquei um pouco no lado de fora, para me acalmar. A cela de um eremita, pensei, não é apenas um lugar de mistério, mas também um lugar celestial. Aquele que vive nela e se ocupa com sua hésychia e oração é um apóstolo de Cristo.

Bati na porta externa da caverna. Reinava uma paz infinita, que me assustou um pouco. Ouvi então alguns passos lentos. A porta se abriu silenciosamente e um dos discípulos que ali vivia surgiu à minha frente.

"Sua bênção", pedi.

"O Senhor o abençoe", ele respondeu.

Fiquei tocado por sua presença nessa região deserta e também por sua vida, sua juventude, nesse lugar inóspito. Mesmo não o conhecendo, eu o admirei. "Há muitas pessoas como você aqui?", perguntei.

Os Três Principais Ramos do Cristianismo Hoje

"Nosso orientador espiritual e três discípulos", ele respondeu.

"Eu gostaria de falar sobre algumas coisas que ocupam meu espírito; é por isso que vim a este lugar solitário."

"Você fez bem", ele disse. "Peregrinos deveriam vir aqui com esse sentimento. Alguns vêm simplesmente por curiosidade, e nosso ancião os acha muito cansativos."

"Se fosse possível, eu gostaria de ver o ancião." O discípulo disse que iria perguntar, e desapareceu.

O ancião apareceu alguns minutos depois. Ele era como um sol que tivesse se levantado de repente, como uma fonte formando uma cascata de alegria, como o relâmpago na noite escura. Sua barba branca caía do rosto como uma cachoeira. Seus olhos eram penetrantes, brilhantes, resplandecentes.

"Sua bênção", eu disse, inclinando-me para beijar sua mão, que mostrava as marcas de muitas prostrações. Ele, porém, se inclinou mais do que eu e me beijou primeiro.

PROTESTANTISMO

As causas que levaram à ruptura entre o catolicismo romano e o que veio a ser conhecido como cristianismo protestante são complexas e continuam sendo debatidas ainda nos dias atuais. Economia política, nacionalismo, individualismo renascentista e uma preocupação crescente com exageros eclesiásticos, tudo isso teve sua influência. Nada, porém, esconde o fato de que a causa básica foi religiosa, uma diferença na perspectiva cristã entre o catolicismo romano e o protestantismo. Como o nosso interesse são as idéias e não a história, nada mais diremos sobre as causas da Reforma Protestante. Em vez disso, nos contentaremos em tratar o século XVI — Lutero, Calvino, as 95 Teses, a Dieta de Worms, o rei Henrique VIII, a Paz de Augsburgo — como um túnel imenso. A Igreja do Ocidente entrou nesse túnel inteira; saiu dele dividida em duas. Mais exatamente, saiu separada em várias seções, pois o protestantismo não é bem uma Igreja, mas um movimento de Igrejas.

Nos dias atuais, as diferenças mais profundas no protestantismo não estão nas denominações, mas nas ênfases dadas pelas várias orientações e que freqüentemente se combinam numa mesma pessoa: fundamentalista, evangélica conservadora, moderada, carismática e ativista social. Neste breve estudo não analisaremos essas diferenças, cuja origem tende a ser recente. Em vez disso, e sem repetir os pontos centrais de sua fé e de sua prática, muitas delas comuns às Igrejas católica e ortodoxa — o protestantismo é mais cristão do que protestante — abordaremos os dois grandes temas que estão sempre em foco, contentando-nos com eles: a justificação pela fé e o Princípio Protestante.

Justificação pela Fé

Na concepção protestante, a fé não é simplesmente uma questão de crença, uma aceitação de conhecimentos tidos como certos mesmo que não evidentes. Ela é uma resposta do ser como um todo; nas palavras de Emil Brunner: "Um ato de totalidade da personalidade toda." Assim, ela inclui um movimento da *mente* em aceitar — especificamente, uma convicção do poder criador ilimitado e onipresente de Deus —, mas isso não é tudo. Para ser real-

Os Três Principais Ramos do Cristianismo Hoje

mente fé, ela precisa incluir também um movimento dos *afetos* em amor e confiança e um movimento da *vontade* no desejo de ser um instrumento do amor redentor de Deus. Quando o protestantismo diz que os seres humanos são "justificados" (ou seja, restituídos ao correto relacionamento com as bases de seu próprio ser e com seus associados) pela fé, ele está dizendo que essa restituição exige um movimento do ser total, na mente, na vontade e nos afetos; em todos os três. E a fé precisa ser representada, executada. Textos só se transformam em peças teatrais e partituras em músicas quando são representados e executados. Do mesmo modo, a fé cristã só é fé quando vive, se move e tem seu ser na realização cristã conhecida como discipulado. E essa não é uma ação individual. Mesmo os solistas mais competentes precisam de comunidades específicas com as quais possam ensaiar, que os apóiem e forneçam estrutura orquestral para seus concertos.

Ao mesmo tempo, e sem contradizer o que acaba de ser dito, a fé é também uma questão profundamente pessoal. "Crenças certas" ou "doutrina sadia" podem ser aceitas de segunda mão e em grande parte mecanicamente; mas nunca o serviço e o amor. A fé é a resposta pela qual Deus, até aqui um postulado de filósofos ou teólogos, se torna Deus para *mim*, o *meu* Deus. Esse é o significado da afirmação de Lutero: "Cada um precisa construir sua própria fé, do mesmo modo que terá de enfrentar sua própria morte."

Para sentir a força da ênfase protestante à fé como resposta do ser todo, temos de vê-la como um repúdio apaixonado à leviandade religiosa. O protesto de Martinho Lutero contra as indulgências (a visão católica medieval de que contribuindo para os cofres da Igreja a pessoa podia comprar a saída de almas do purgatório) é apenas um símbolo desse protesto mais amplo que tomou inúmeras direções. Nenhuma observância religiosa, nenhum registro de boas ações, nenhuma lista de crenças garantiria que um indivíduo alcançasse o estado desejado. Essas coisas não eram irrelevantes para a vida cristã; mas, se não ajudassem a transformar o coração do fiel (suas atitudes e sua resposta à vida), eram inadequadas. Esse é o significado do vigoroso brado protestante, "Justificação pela fé somente". Isso não significa que os credos ou os sacramentos não tenham importância. Quer dizer que, a menos que sejam acompanhados pela experiência do amor de Deus e pelo amor a Deus, são insuficientes. O mesmo se aplica às boas obras. A posição protestante não implica que as boas obras não tenham importância. Ela sustenta que, plenamente compreendidas, elas são correlatas da fé e não seus prelúdios. Se a pessoa tiver realmente fé, as boas obras fluirão dela naturalmente — "A fé sem obras é morta" (Tiago 2:17) — enquanto o oposto nem sempre é verdadeiro, ou seja, as boas obras não levam necessariamente à fé. Lutero viveu 1500 anos depois de São Paulo, mas ambos foram impelidos a enfatizar a fé porque toda uma corrente de boas obras, realizadas com persistência, não tinha conseguido transformar-lhes o coração.

Continuando com o que é a fé, ela significa participação no amor infinito de Deus pelo mundo. Se visualizamos esse amor como um raio de luz que desce do céu, a fé é o movimento na direção dessa luz, permitindo que ela nos transforme até nos tornarmos parte dela.

Podemos utilizar aqui a analogia da criança em sua casa. Depois que as necessidades físicas da criança foram atendidas, ou melhor, enquanto elas são atendidas, a criança precisa sentir acima de tudo o amor envolvente e a aceitação dos seus pais. Paulo, Lutero e os protestantes em geral dizem algo semelhante para o ser humano ao longo de toda a sua vida. Como, do início ao fim, o ser humano é vulnerável aos poderes com que se depara, sua necessidade ao longo da vida é saber que seu ambiente básico, o fundamento do ser do qual procedeu e ao qual retornará, está *a favor* dele e não *contra* ele. Se ele conseguir saber isso a ponto de realmente senti-lo, ele se libertará da ansiedade básica que o faz lutar por segurança. É por isso que, assim como a criança amada irá cooperar, o homem ou mulher em quem o amor de Deus despertou a resposta da fé conseguirá amar realmente os outros. A chave está dentro de nós. Se existir fé na bondade de Deus, todas as coisas importantes se seguem. Na falta dela, nada a substitui.

O Princípio Protestante

A outra grande perspectiva do protestantismo ficou conhecida como "Princípio Protestante". Em termos filosóficos, ele alerta contra a absolutização do relativo. Em termos teológicos, alerta contra a idolatria.

A questão é a seguinte. A fidelidade humana pertence a Deus: isso todas as religiões afirmam (cada uma com sua terminologia própria). Deus, todavia, está além da natureza e da história. Deus não está separado delas, mas também não pode ser igualado a uma nem a outra, pois o mundo é finito e Deus é infinito. Em princípio, todas as grandes religiões concordam com essas verdades. Mas elas são verdades muito difíceis de reter; tão difíceis que as pessoas constantemente as deixam escapar e começam a igualar Deus a alguma coisa que elas possam ver ou tocar, ou pelo menos conceituar com mais precisão do que o infinito.

No começo, as pessoas igualaram Deus a estátuas, até que os profetas — os primeiros "protestantes" ou dissidentes, nesta questão — se ergueram para denunciar as transposições, chamando-as

A ALMA DO CRISTIANISMO

de lastimáveis ídolos substitutos ou "pequenos pedaços de forma". Mais tarde, as pessoas pararam de deificar pedaços de madeira e de pedra, mas isso não significou o fim da idolatria. Enquanto o mundo secular passou a "absolutizar" o Estado, o ego ou o intelecto humano, os cristãos se puseram a absolutizar os dogmas, os sacramentos, a Igreja, a Bíblia ou a experiência religiosa pessoal. Pensar que o protestantismo desvaloriza essas coisas ou duvida que Deus esteja envolvido nelas é um grave equívoco. Ele insiste, porém, em que nenhuma dessas coisas é Deus. Por estarem envolvidas na história, todas elas contêm algo de humano; e como o humano é sempre imperfeito, esses instrumentos são até certo ponto imperfeitos. Enquanto eles apontam para além de si mesmos, para Deus, podem ser muito valiosos. Mas, se um deles chega a exigir fidelidade absoluta ou irrestrita — ou seja, se afirmar ser Deus — torna-se diabólico. Como vimos, isso exatamente é o demônio: o anjo mais elevado que, não contente em ser o segundo, tomou a decisão de ser o primeiro.

Em nome do Deus soberano, que transcende todas as limitações e distorções da existência finita devemos, portanto, rejeitar todas as pretensões humanas à verdade ou à finalidade absolutas. Alguns exemplos mostrarão o que esse princípio significa na prática. Os protestantes não aceitam o dogma da infalibilidade papal porque, se o aceitassem, seriam obrigados a deixar de criticar opiniões que, tendo sido canalizadas por mentes humanas, nunca escaparão totalmente (no entender protestante) do risco de limitação e parcialidade. Pode-se acreditar em credos e pronunciamentos; plenamente e de todo coração, inclusive. Mas, colocá-los além do alcance do fogo purificador do desafio e da crítica significa absolutizar algo que é finito — elevar "pequenos pedaços de forma" à posição que deve ser reservada apenas e tão-somente a Deus.

Os Três Principais Ramos do Cristianismo Hoje

Os casos que os protestantes consideram como idolatria não se limitam a outras seitas ou religiões. Os protestantes admitem que a tendência a absolutizar o relativo é universal; ela ocorre mesmo entre eles, o que impõe a necessidade de autocrítica e reforma contínuas. A principal idolatria protestante é a bibliolatria. Os protestantes acreditam que Deus fala às pessoas por intermédio da Bíblia, mais do que de qualquer outro meio. Mas elevar a Bíblia como livro acima de toda crítica, insistir que cada palavra e cada letra foi ditada diretamente por Deus, e por isso não contém a menor inexatidão histórica, científica ou de outra natureza, é novamente esquecer que a palavra de Deus, ao entrar no nosso mundo, precisa expressar-se por intermédio de mentes humanas. Outro exemplo comum de idolatria no protestantismo é a divinização da experiência religiosa individual. Sua insistência em que a fé deve ser uma experiência viva tem levado, muitas vezes, os protestantes a admitir que toda experiência vital deve necessariamente ser obra do Espírito Santo. Talvez sim, mas, de novo, a experiência nunca é Espírito puro. O Espírito deve assumir os contornos do recipiente humano, o que significa que o todo nunca é indiviso.

Ao rejeitar todos esses absolutos, o protestantismo procura se manter fiel ao primeiro mandamento: "Não terás outros deuses diante de mim." Essa ordem contém uma negativa e, para muitas pessoas, a palavra "protestante" também leva em si uma conotação predominantemente negativa. Protestante não é exatamente a pessoa que protesta *contra* alguma coisa? Vimos que isso certamente é verdade; protestantes verdadeiros protestam incessantemente contra a usurpação do lugar de Deus por qualquer coisa menor do que Deus. Mas o Princípio Protestante também pode ser formulado de forma positiva, que é a correta se queremos apreciar sua plena importância. O Princípio protesta *contra* a idolatria porque dá teste-

munho *a favor* ("pro-testante" = aquele que se declara "pró" alguma coisa) da soberania de Deus na vida humana.

Mas como Deus entra na vida humana? Insistir que não podemos igualar Deus a nada neste nosso mundo palpável, visível, deixa as pessoas à deriva no oceano de Deus. Deus, sem dúvida, está à
nossa volta; mas para ter acesso à percepção humana, a divindade
precisa se adensar e focalizar.

É nesse ponto que, para os protestantes, entra em cena a Bíblia.
Nas narrativas bíblicas da ação de Deus por meio de Israel, de Cristo
e da Igreja primitiva, encontramos o mais claro retrato da grande
bondade de Deus e vemos como os seres humanos podem alcançar
vida nova na companhia do divino. Nesse sentido, a Bíblia é fundamental para os protestantes. Mas observe cuidadosamente o sentido em que isso ocorre. Ela é fundamental no sentido de que quando seres humanos lêem esse registro da graça de Deus com
verdadeira receptividade e anseio pelo divino, Deus se coloca no
cruzamento supremo entre o divino e o humano. Ali, mais do que
em qualquer outra parte do nosso mundo de tempo e espaço, a
pessoa tem a possibilidade de vislumbrar, não apenas com a mente, mas com todo seu ser, a verdade a respeito de Deus e a relação
de Deus com a sua própria vida. Nenhuma interpretação derivada,
seja por concílios, pessoas comuns ou teólogos, poderá substituir
ou igualar essa experiência. A palavra de Deus deve falar diretamente a cada alma individual. É isso que explica a ênfase protestante na Bíblia como a palavra *viva* de Deus.

Esse conceito de cristianismo não encerra alguns perigos? O
protestante admite prontamente que sim. Primeiro, há o perigo de
interpretar mal a palavra de Deus. Se todas as coisas humanas são
imperfeitas, como insiste o Princípio Protestante, não se segue que
a visão de Deus de cada indivíduo deve ser pelo menos limitada e

Os Três Principais Ramos do Cristianismo Hoje

possivelmente bastante equivocada? Sim. Os protestantes não só admitem esse ponto, mas também insistem nele. Mas, como isso é verdade, será bem melhor reconhecer esse ponto e manter a porta aberta às correções do Espírito Santo agindo por meio de outras mentes do que sobrecarregar a cristandade com uma verdade limitada que se mascara em finalidade. Como diz o próprio Jesus: "Tenho ainda muito que vos dizer, mas não podeis agora suportar. Quando vier o Espírito da verdade, ele vos conduzirá à verdade plena." Uma razão muito importante para restringir a lealdade ao Deus transcendente nunca plenamente compreensível é a de manter o futuro em aberto.

O outro perigo é que os cristãos venham a extrair da Bíblia verdades diferentes. As novecentas e tantas denominações do protestantismo só nos Estados Unidos provam que este perigo existe e também que poderia pender para o individualismo mais absoluto. O protestantismo admite esse fato, mas acrescenta três pontos:

- Em primeiro lugar, a diversidade protestante não é tão grande quanto sugerem suas centenas de denominações (em sua grande maioria, elas poderiam ser mais adequadamente chamadas de seitas). A maioria delas é de tamanho insignificante. Na verdade, 85% dos protestantes pertencem a doze denominações. Considerando a liberdade de crença em princípio defendida pelo protestantismo, não é a diversidade que causa espanto, mas sim o nível de união que os protestantes conseguiram manter.

- Em segundo lugar, as divisões do protestantismo refletem diferentes origens nacionais e diferentes agrupamentos sociais nos Estados Unidos, mais do que diferentes teologias.

A ALMA DO CRISTIANISMO

- O terceiro ponto, contudo, é o mais importante. Quem pode afirmar que a diversidade é ruim? As pessoas diferem, e as circunstâncias históricas também podem produzir diferenças vitais que devem ser encaradas seriamente: "Novas ocasiões ensinam novos deveres" — Os protestantes acreditam que a vida e a história são demasiado fluidas para permitir que a Palavra redentora de Deus seja enclausurada numa única forma, seja doutrinal *ou* institucional. Eles se preocupam com as rupturas no "Corpo" de Cristo e procuram consertar as diferenças que deixaram de ser significativas; esse é o chamado movimento ecumênico, que se mostra bastante vigoroso. Mas eles não acreditam que as pessoas devam se abraçar apenas para manter o calor. O conforto do estar juntos não deve levar a estruturas que restrinjam o caráter dinâmico da revelação contínua de Deus. "O Espírito sopra onde quer."

Os protestantes reconhecem, portanto, que sua perspectiva é cheia de perigos — o perigo da incerteza, quando os indivíduos travam uma luta interior (e, às vezes, no que parece ser uma assustadora solidão) tentando determinar se ouviram corretamente a vontade de Deus; e o perigo do cisma, quando os cristãos percebem de diferentes maneiras a vontade de Deus. Mas eles aceitam esses perigos porque, risco por risco, preferem sua liberdade precária à segurança de doutrinas ou instituições que (mesmo quando se voltam para Deus) continuam falíveis. É sua fé que, no fim, impede que esses fardos os desestimulem.

Quando lhe perguntaram onde ficaria se a Igreja o excomungasse, Lutero teria respondido: "Debaixo do céu."

EPÍLOGO

Uma das emoções amenas da vida é distanciar-se um pouco de si mesmo e observar-se calmamente tornando-se o autor de alguma coisa bela. Senti essa emoção freqüentemente ao escrever este livro. Os primeiros e os últimos dias de 2004 são como aparadores de livros; precisei de quase todo esse tempo para redigir este texto e o ano foi o mais emocionante da minha vida como autor. É fácil explicar por quê.

Um dos meus alunos de graduação, astrônomo de reconhecida competência, recebeu a incumbência de projetar o espetáculo de luzes do Adler Planetarium, em Chicago. Hoje aposentado, ele diz que ainda se enche de entusiasmo quando recebe a última edição da revista *Astronomy*. Ele corre até sua escrivaninha e abre a revista dizendo para si mesmo: "Vamos ver que bela descoberta fizeram este mês." Eu compreendo perfeitamente essa atitude, pois era com sentimento semelhante que eu ligava o computador todas as manhãs, imaginando que emoção tomaria conta de mim naquele dia. Isso acontecia com muita freqüência, e então a sensação era como se as coisas caíssem do céu.

Por exemplo, houve a manhã em que um ex-aluno me falou das lágrimas que brotaram em seus olhos quando leu o mito da caverna de Platão pela primeira vez. Essa história se tornou o Prólogo deste livro.

A ALMA DO CRISTIANISMO

Houve as várias semanas em que o erro da modernidade (com suas conseqüências desastrosas para o espírito humano) manteve-se como foco principal e de forma muito clara. Eu estivera lidando com esse equívoco durante décadas, mas só então consegui condensá-lo numa única frase. Percebi que o erro da modernidade foi sua incapacidade de fazer a distinção entre a ausência de evidência e a evidência de ausência. Em outras palavras, percebi que ela não conseguira entender que o fato de a ciência não poder tratar de seres e de questões sobrenaturais, como Deus, por exemplo, não é prova de que não existam. Esse se tornou a Introdução.

Em seguida tive a percepção de que existe uma visão de mundo comum a todas as religiões, uma "gramática universal da religião" semelhante à descoberta de Noam Chomsky da estrutura profunda universal que contém as regras de todas as línguas humanas. A descrição dos aspectos específicos dessa cosmovisão universal como ela emerge no cristianismo tornou-se a Parte Um deste livro: "A Cosmovisão Cristã." A elaboração dessa parte destacou todas as peças que a compõem. Citando apenas um exemplo, para fazer justiça ao seu tema, a religião exige uma linguagem técnica que se assemelhe à linguagem técnica da ciência, que é a matemática. A linguagem técnica da religião é o simbolismo, sendo a narração de histórias uma das suas formas mais importantes. Nasceu daí o título da Parte Dois, o capítulo central do livro: "A História Cristã."

Quando passei a escrever a história cristã, meu entusiasmo começou a aumentar. Fiquei maravilhado diante da pura capacidade da mente dos teólogos que talharam os contornos da teologia cristã e também ao ver que eu estava preparado para ser um contador de histórias cristão.

Em nossa casa de missionários na China tradicional, ao café da manhã seguiam-se as orações matutinas, das quais participavam

Epílogo

também as famílias dos empregados. Sentados em círculo, nossa mãe presidia a entoação de um hino, em chinês, naturalmente. Então os adultos, um por vez, liam os versículos de um capítulo da Bíblia, com nossa cozinheira ajudando-os quando tropeçavam em algum ideograma. Então nos ajoelhávamos com o rosto entre as mãos apoiadas nos assentos das cadeiras, e meu pai fazia o encerramento com todos nós recitando a Oração do Senhor. Essa oração ainda sai dos meus lábios com a mesma facilidade em chinês como em inglês.

Poucos cristãos atualmente foram abençoados com a marca indelével do cristianismo como eu fui, o que me preparou para narrar a história cristã desde seu interior. Quando eu parava para um cafezinho no meio da manhã, eu seguidamente me surpreendia cantando versos de hinos em que as idéias sobre as quais eu estava escrevendo irrompiam numa canção. E raramente precisei abrir a Bíblia para cotejar minhas citações, pois elas estavam na minha cabeça e na minha vida.

Essa é a história por trás da história cristã que eu escrevi.

Huston Smith
Berkeley, Califórnia

AGRADECIMENTOS

Minha dívida maior é para com meus pais que, numa família missionária muito unida na China rural, infundiram em mim um cristianismo capaz de resistir à cultura secular dominante da modernidade e de emergir com este livro.

O que aprendi com meus professores, entre os quais incluo muitos dos meus alunos, integra de tal modo o meu modo de pensar que nem mesmo consigo dimensionar, mas sei que é muito. *Not of This World,* de James Cutsinger, esteve ao alcance da minha mão durante todo o tempo em que escrevi este livro, e muitas citações aqui transcritas foram extraídas dessa antologia do misticismo cristão. *The Gospel According to Paul,* de Robin Griffith-Jones, foi inestimável durante a elaboração da seção sobre esse grande santo. Raymond Gawronski, um ex-aluno meu, me ajudou tanto com a seção sobre o Catolicismo Romano na Parte Três, que devo considerá-lo como co-autor. Não quero pensar no texto que teria sido publicado se James Cutsinger não tivesse interferido no meu esboço final com um pente fino e corrigido inúmeros erros.

Os agradecimentos do autor a seus editores são muitas vezes mecânicos, mas o meu é um caso especial que produz esse tributo mais extenso. John Loudon tem sido mais do que meu editor. Nos anos 1970, quando *Parabola* o incumbiu de me entrevistar para a elaboração da primeira da sua série de perfis biográficos, John veio a Syracusa e eu acabei por convidá-lo a pernoitar por causa da instigante conversa que se estendeu noite adentro. John é meu amigo desde essa época.

Tenho o seguinte relato de Clayton Carlson, enviado pela Harper Nova York para fundar a HarperSanFrancisco. Fazia parte de suas funções acompanhar as revisões de livros, muitas delas redigidas por John Loudon, que sempre se destacavam. Eram revisões perspicazes, e quando criticavam os livros que Clayton estava publicando, este acabava reconhecendo que John estava certo. Contou-me Clayton que um belo dia ele se surpreendeu dizendo para si mesmo: "É bom ter esse homem ao meu lado." Ele então contratou John, e (não me custa dizer) John me levou para a HarperSanFrancisco com ele. Desde então, é ele que me orienta em tudo o que escrevo, e Clayton estava certo. Seus critérios são excelentes e, além disso, no meu caso, ele é um ótimo amigo.

Por isso, com a saída dele da HarperSanFrancisco para seguir uma nova carreira como autor e editor independente, é possível que este talvez seja o último livro sobre religião que escreverei. Um livro sobre filosofia está à espera nos bastidores, mas a chave para ele está com o tempo.

A todos os que mencionei, meus agradecimentos mais sinceros.